入門

世界の経済

グローバリゼーション500年の
歴史から何を学ぶか

中尾茂夫 著

文眞堂

まえがき

　本書は，世界経済入門として，その歴史と現代を描いたものである。厳しい現代を生きていく若い人々に，最低限，理解しておいてほしい事柄をまとめた。大学の講義テキストとしてはもちろんのこと，混迷を極める社会の行方を思案しながら，世界や日本の歴史と現代（換言すれば，global history）を包括的に再考したいと思っている一般の大人の方々にも，十分読み応えのあるものにしたつもりである。

　著者の問題意識を簡単に記しておきたい。概ね，日本の大学で使われるテキストは，研究者としての専門分野にとらわれるためか，どんどん詳細になり，あまりにも日常生活から乖離してしまったように思うところがある。さらに大きな問題は，史論がなくなってしまったことだ。本来，歴史とは，数多い出来事を記憶する暗記モノではなく，現代に通じる筋道の集大成でなければならない。

　歴史家のE. H. カーは，「歴史は，現在と過去との対話」（『歴史とは何か』岩波新書，1962年）と言ったが，歴史に通じることなく，未来を展望することは不可能である。歴史は繰り返されることも多い。未来を照らすには，常に過去を検証し，失敗から学び，同じ轍を踏まないようにしなければならない。そのために，いま起こっている事情を，歴史的に俯瞰する視点こそが必要である。

本書の第1章に，解釈の変更ひとつで，歴史認識が大きく変わるという興味深い事例として，1492年の見方が変わりつつあるということを述べている。

同様に，「貧しい」「低賃金」という一点張りだったアジア観も変わりつつある。いまでは，中間所得層の増大を指す「ボリューム・ゾーン」という言葉がポピュラーになっている。このアジアの勢いは，歴史観としては，東西逆転論につながる。

グローバリゼーションも同じで，今でこそよく耳にする「桃山グローバリズム」という言葉だが，一昔前までは，聞いたことがなかった。西洋との初めての接触が，明治近代の扉を開けた19世紀ではなく，鉄砲伝来とフランシスコ・ザビエルがやってきた16世紀という視点である。それは，かつての産業革命によって近代が始まったという通説ではなく，大航海の時代を切り開いた商業革命に近代の発端を据える，グローバリゼーション500年説と対をなしている。

なぜ，これまでは，産業革命を優先させて考えてきたのか。そこには，とくに日本では，生産優位で流通軽視の思考があったのではないか。しかも，その思考様式たるや，いまに至るも続く。流通や港湾や空港が，経済の国際競争力にとっていかに重要であるか，という視点もまったく希薄だった。

安価で質のいい製品さえ作ることができれば，あとはなんとでもなるかのような錯覚もあったのではないか。そもそも service という言葉が，「おまけ」「値引き」というニュアンスをも含めて解釈されるのは，日本語特有であろう。モノ作り社会の弱点が露見しているように思えてならない。

一方，ヨーロッパ近代を生み出した精神（宗教や思想や合理主

まえがき　*iii*

義）に関しては，聖徳太子以来の伝統である「和」の社会では，受け入れられることは少なかった。明治近代を疾走する際も，欧米技術の摂取には躍起となったものの，背後に根付く精神や思考や情報に関しては，「和魂洋才」（ちなみに，かつて中国から文明を摂取したときは「和魂漢才」と言われた）で十分だと考えられがちだった。しかしながら，はたして，そうだろうか。日本的精神とはそもそも何なのか。一緒に考えてみたい。

　3.11 を機に，「なぜ，日本はこうなったのだろうか？」と，問う論説が多くなった。地震，津波，そして原発事故をめぐる専門家の見解は，その多くが興醒めさせられるものだった。分からなかった（頻発された想定外という言葉！）というのは，責任逃れの言い訳にすぎない。数多く発せられていた在野からの警告が，幾多の「権威」の名の下に，無視され続けただけだったことが，今では明白となっている（拙著『決断できる日本へ』七つ森書館，2012 年，参照）。

　本書の問題意識を要約しておこう。まず，グローバリゼーション 500 年というジャンボ・ヒストリーに立つ視点から近代史を見直すことで，産業革命を資本主義の始点とする常識が見逃しがちだった認識にスポットを当てることである。それは，歴史観だけではない。産業優位で，商業や流通を一段劣るものと考える日常的見解とつながるように思う。それでは，日本の経済構造が圧倒的にサービス業からなるという現代を理解できるはずがない。

　次いで，世界が，冷戦時代に育まれた政治的イデオロギー対立論から脱皮し，冷戦後を認識する多様な論説が輩出されるなかにあって，日本における支配的見解は，依然として過去の思想的呪縛から解放されていない。冷戦後世界はいったい何が変わったの

かについて，日本ほど，「資本主義の勝利」というお決まりの台詞以外，ほとんど頓着されることがない社会も珍しいのではないか。それは，権力の不合理を等閑視しがちな保守回帰と重なり，その結果，親米であれば対米従属すら問わない思考停止の姿勢を生んでしまう。

　戦後日本が，占領統制によってアメリカナイズされることによって，いかに日本の伝統文化が恣意的に歪められたかを告発する遺書的な文書を残して逝った江藤淳（『閉された言語空間』文春文庫）のような保守派の論説は，ほとんど聞かれなくなってしまった。あるいは，「二枚舌オバマの無気力外交」（『ニューズウィーク日本版』2013年3月5日）と酷評されるようなアメリカの政策に対する批判は，日本の大手メディアからはほとんど消えてしまった。

　アメリカへの無邪気なほどの好意的姿勢と対照的なのがアジア観である。アジア観やアジア認識といえば，「貧困」で「低賃金」という旧聞に属する後進国イメージから脱することができず，「アジアの貧困や格差は深刻だ」という常套文句の文脈（＝南北問題的認識）に落ち着いてしまう。その結果，日本だけがアジアで唯一の先進国だという，かつての希望的認識が繰り返される。これは，明治以降の近代化という成功体験に呪縛された帝国意識とでも言いうるが，しかし，それでは，日々刻々，変貌するアジアには対応できない。

　著者の方法論は，政治力学を視座に置いて金融を説くことである。つまり，権力論と金融論を交差させ，かつ，この20数年にわたる折々の海外経験談を織り交ぜた金融市場のノンフィクションを語ることである。それによって，500年にわたるグローバリ

ゼーションのダイナミズムを通して西欧とアジアに跨る近代なるものの問題発見に努めること，著者の関心はここにある。

　読者が，こういうスタイルの叙述によって，歴史や経済社会を学ぶことに興味を覚えていただければ，幸いである。

2013 年 3 月

中尾茂夫

目　次

まえがき ……………………………………………………………… i

序章 / 足下から世界を見る ……………………………………… 1

第1部 / 世界の経済 then and now

第1章 / 歴史再考 ………………………………………………… 25

　1-1 / 変貌する歴史観 …………………………………………… 26
　1-2 / パックス・ブリタニカの世界 …………………………… 45

第2章 / パックス・アメリカーナの世界 …………………… 67

　2-1 / アメリカ・モデルとは何か …………………………… 68
　2-2 / 冷戦後世界＆ニューエコノミー ……………………… 81

第2部 / 日本とアジア at present

第3章 / 激動の日本 …………………………………………… 105

　3-1 / 日本とは何か？ ………………………………………… 106
　3-2 / 日米中トライアングル ………………………………… 125
　3-3 / 挫折した日本のアジア戦略 …………………………… 140

第4章 / 激動のアジア ………………………………………… 159

4-1/ アジアの消費と物流 …………………………………………… *160*
4-2/ アジアの勢い………………………………………………… *177*

あとがき ………………………………………………………… *208*
年　表………………………………………………………… *212*

序章 / 足下から世界を見る

世界都市ランキング（2011年）

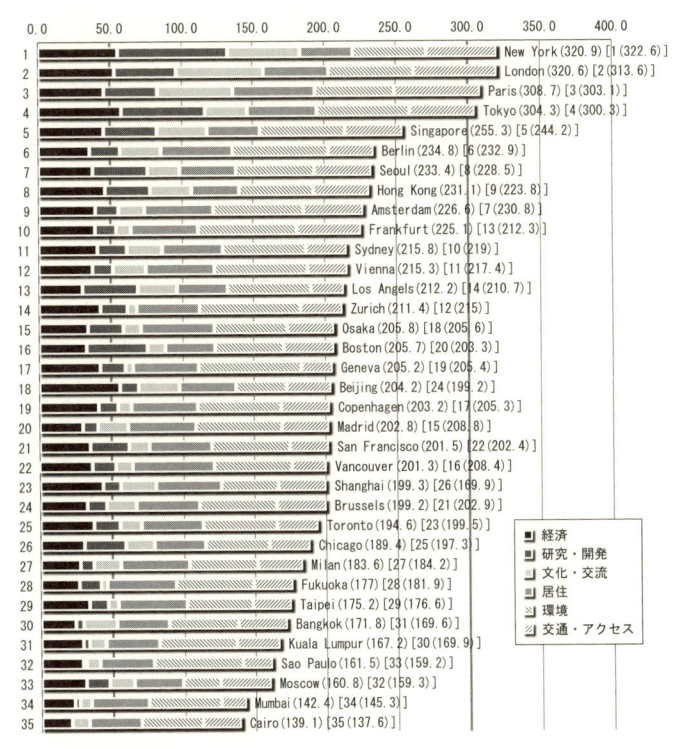

順位	都市	総合	[前回順位(点)]
1	New York	320.9	[1 (322.6)]
2	London	320.6	[2 (313.6)]
3	Paris	308.7	[3 (303.1)]
4	Tokyo	304.3	[4 (300.3)]
5	Singapore	255.3	[5 (244.2)]
6	Berlin	234.8	[6 (232.9)]
7	Seoul	233.4	[8 (228.5)]
8	Hong Kong	231.1	[9 (223.8)]
9	Amsterdam	226.6	[7 (230.8)]
10	Frankfurt	225.1	[13 (212.3)]
11	Sydney	215.8	[10 (219)]
12	Vienna	215.3	[11 (217.4)]
13	Los Angels	212.2	[14 (210.7)]
14	Zurich	211.4	[12 (215)]
15	Osaka	205.8	[18 (205.6)]
16	Boston	205.7	[20 (203.3)]
17	Geneva	205.2	[19 (205.4)]
18	Beijing	204.2	[24 (199.2)]
19	Copenhagen	203.2	[17 (205.3)]
20	Madrid	202.8	[15 (208.8)]
21	San Francisco	201.5	[22 (202.4)]
22	Vancouver	201.3	[16 (208.4)]
23	Shanghai	199.3	[26 (169.9)]
24	Brussels	199.2	[21 (202.9)]
25	Toronto	194.6	[23 (199.5)]
26	Chicago	189.4	[25 (197.3)]
27	Milan	183.6	[27 (184.2)]
28	Fukuoka	177	[28 (181.9)]
29	Taipei	175.2	[29 (176.6)]
30	Bangkok	171.8	[31 (169.6)]
31	Kuala Lumpur	167.2	[30 (169.9)]
32	Sao Paulo	161.5	[33 (159.2)]
33	Moscow	160.8	[32 (159.3)]
34	Mumbai	142.4	[34 (145.3)]
35	Cairo	139.1	[35 (137.6)]

凡例：経済／研究・開発／文化・交流／居住／環境／交通・アクセス

出所）（財）森記念財団 都市戦略研究所「世界の都市総合力ランキング」2011年10月。(http://www.mori-m-foudation.or.jp/research/project/6/pdf/GPCI2011.pdf)

◎東京の巨大都市化

　世界経済の入門書を書き始めるにあたり，まずは東京論から始めたい。グローバルな視点から日本を読み解くには，いろんな意味で最も日本的な東京について，考えるのが一番だと思うからだ。

　霞ヶ関には，国家行政機能を担うほとんどの省庁がある。ここからは，首相官邸をはじめ，皇居も国会も検察も裁判所も近い。東京は，国家の枢要を担う政治権力の所在地なのだということを実感する。そのため，東京には駐日外国公館も集中し，とくに港区には外国の大使館が70ほども集まる。

　丸の内，日本橋，品川には，大企業本社のオフィスビルが数多い。丸の内が，今も昔も日本のビジネス街の中心であることに変わりはないが，近年，ショップも飲食店も増えた。新聞社や通信社や出版社といった大手メディアも，本社機能の多くが東京に集まり，情報発信の多くが東京からなされる（地方は東京で作られた情報の買い手）。2012年10月，東京駅丸の内駅舎復元工事によって，レンガ作りのレトロな駅舎が完成した。

　銀座や有楽町に足を伸ばせば，洒落たレストランや，粋な喫茶店が軒を並べる。カジュアル・ファッションからオーダーメイド紳士服まで，靴も鞄も時計も，老舗が揃う。一転，夜になれば，今度は，接待で使うクラブや料亭が賑わう。

　外資系のラグジュアリー・ホテルから安価なビジネス・ホテルまで，宿泊施設も数多い。品川駅の高輪口側には，巨大なホテル群（総部屋数は6,000を超す）が林立し，敷地内にはイルカショーやマルチプレックスシネマ（1つの映画館に複数のスクリーンが

ある）の他，テニスコートやゴルフ場やスポーツジムまでが営業する。劇場や博物館や美術館，さらには絵画や写真を展示するギャラリーの多さも東京ならでは，である。

大学（短期大学は除く）が多いことにも驚く。国公私立を合せると東京には138も集中し，東京の大学生数たるや73万人で，全国の大学生の25%が東京に集まる（総務省の2010年データ）。少子高齢化が進む日本で，唯一，東京には若者が多い。

とはいえ，一方，東京は，鹿児島県と並び，60歳以上の独居老人率は日本一である。老人の単身世帯も少なくない。より正確に言えば，老若男女の別なく，あらゆる年代層において，東京は全国で最も単身世帯の多い街である。

外国人居住者の数も増えた。江戸川区にはインド人街が形成され，新宿区や豊島区には中国人が多い。京都で外国人といえば，芸事や織物といった日本的文化や伝統を学びにやってくる留学生や芸術家が思い浮かぶが，東京にはビジネス目的の外国人が多い。国際結婚が増えたのも頷ける。

一極集中の結果，東京はどんどん巨大化し，便利な都市になっていった。森記念財団が毎年，世界の都市総合力ランキングを発表しているが，2011年版では，東京は，ニューヨーク，ロンドン，パリに次ぐ4位だった。この1位〜4位のランキングは，過去4年連続で，変わらなかった（2012年版で，ニューヨークとロンドンが逆転）。

東京も，人口や経済力や文化の集中で，世界のメガ都市の一翼に座る。多国籍企業のアジア・ビジネス向け司令塔を東京に集め，再開発を試みようとする「アジア・ヘッドクォーター特区」構想が，品川と田町との間の新駅構想と絡んで動き出す（市川宏

雄『山手線に新駅ができる本当の理由』メディアファクトリー新書，2012年)。

そうした世界都市化を象徴するかのように，高層ビル街は広がる。かつて，高層ビルと言えば西新宿だったが，今は，丸の内，日本橋，品川，汐留，渋谷等々，いくつものオフィスビルやタワーマンションが聳え建つ。

東京の都心と下町の相違は，もはやたんなる格差や階層差といったものではなく，所得如何によって居住地が色分けされる「階級都市」だという指摘すらある（橋本健二『階級都市』ちくま新書，2011年)。

◎日本の激動

日本全国で，流入移民の数は次第に増えつつある。東京都が40.6万人で19.5%を占め，大阪府が20.6万人で9.9%，愛知県が20万人で9.7%と続く（2011年末，法務省データ)。移民の積極的受け入れこそ，少子高齢化による日本の人口衰退に歯止めをかける方策の一つかもしれない。在日コリアンのつぎの言葉が，日本人意識の変貌ぶりを教えてくれる。

「ニューヨークに住む人間は白人でも黒人でも，アジア系でも同じニューヨーカー。それと同じように大阪で生きる人間は日本人であろうと韓国人であろうと同じ大阪人」だ，と（藤巻秀樹『「移民列島」ニッポン』藤原書店，2012年)。

もちろん難しい部分もあるが，しかし，日本人意識も，かつて支配的だった単一民族意識が薄れ，サラダボウル化された「ハイ

ブリッド・ニッポン（hybrid Japan）」へ，という意識の変容が進むのかもしれない。

　グローバル化は，目に見えやすい流入移民だけに限られない。モノ（物流や輸送）やカネ（金融取引）や情報（メディアや文化）も，国境を越えて頻繁に，しかも素早く動く。地球の向こう側の政変や経済的激動が，こちらの経済社会を激しく揺さぶる。グローバルな力学が国内に影響を及ぼし，国内の変動がグローバルな連鎖をもたらす。グローバリゼーションの時代とはそういうことだ。もちろん，その力学は，プラスにもマイナスにも働く。

　2011年の3.11で，被災した東北地方では多くの工場が崩壊し，その結果として，北米工場が休業に追い込まれる事態が相次いだ。東北の工場が北米工場の部品生産を請け負っていたため，地震と津波でサプライチェーンが寸断されたのである。内実は，多国籍企業の工場内分業であれ，あるいは北米工場の下請け（相手方ブランド名での生産を意味するOEM: original equipment manufacturing）であれ，生産工程が国境を越えてつながっていたことが分かる。まさに，多国籍企業による企業内分業（intra-firm trade）の国際的展開である。

　グローバルなネットワークの運動法則が働く日本経済の，負の局面の広がりも見逃せない。冒頭に東京の一極集中ぶりに触れたが，活気のある都心とは裏腹に，都心からわずか数キロしか離れていない東京近郊ですら，かつてのニュータウンが，オールドタウン化し，近未来は，人口が払底したゴーストタウン化するのではないかと危惧されている。そうなれば，東京近郊の近未来像は，ローンで購入した終の棲家だったはずの住宅が不良資産化し，多くの空き家だらけの光景が想像される（三浦展『東京は郊

外から消えていく！』光文社新書，2012年)。

　現に日本全体を見渡せば，生活保護者数は敗戦直後を上回って，過去最多を更新。低賃金のために生活苦を抱える就労者のワーキング・プア問題も深刻で，その原因は，派遣，契約，パート・アルバイト等の非正規社員の増大にほかならない（労働者派遣法の成立は1985年。雇用形態の多様化が雇用機会を増やしたと考える肯定的な認識もあるが，その生活実態は厳しい）。

　圧巻は，自殺者数の増大である。その数は，1998年以降，毎年3万人を超える。これは1日90人あまりに相当し，交通事故死者数をはるかに上回る（警察庁交通局のデータでは，2011年の交通事故死者数は4,612人)。2012年の年間自殺者は15年ぶりに3万人を切って27,766人になり，2011年より9.4％減少した（産経ニュース，2013年1月17日)。とはいえ，自殺未遂者はその10倍近いと言われる。

　日本を襲った未曽有の難局は，2011年の3.11だった。マグニチュード9という大地震と大津波が，東北地方の街並みに襲いかかり，大勢の犠牲者を出した。そのうえ，福島第一原発ではメルトダウンが起こり，放射能を撒き散らして未曽有の被害が広がった。福島原発の復旧作業現場では，多くの被災者が放射線を浴びる危険を抱えながらも作業につき，福島や郡山では，ホットスポットと言われる高い放射線量が今でも計測されている。

　さらに，食べ物や飲み物による内部被曝の不安も続く。国会事故調査委員会は，政府，規制当局，東電の「不作為」による「人災」こそが，過酷事故の根本原因だったと断定した（『国会事故調報告書』徳間書店，2012年9月)。公的筋や民間の別なく，多くの報告書が人災だったと認めたにもかかわらず，責任をとった

者は誰もいない。

　今後の原発の見通しにしても，2011年末の野田首相（当時）による「収束宣言」を根拠に，すでに終わったことだと思っている人も少なくない。しかし，たとえ巨大な地震や津波が来なかったとしても，連続する余震で弱体化した4号機が抱える深刻な問題（3.11当時，運転が停止していた福島第一原発4号機の1,535本という膨大な核燃料棒を集めたプールが相次ぐ余震で弱体化し，崩壊するような事態になれば，首都圏を含む広大な地域の壊滅可能性があるという問題）が顕在化し，過酷事故につながる可能性は依然として消えていない。

　なぜ4号機は核爆発を免れたのか。情報通のジャーナリストの高野孟が，簡潔に，2つの偶然が幸いしたからだと，明かす。3.11当日は4号機の建屋内が工事中で，その工期がたまたま延びプール回りの水を普段入れないところまで注入していたため，電源が停止してもまだ水があったこと。プールの仕切り板が地震の揺れでズレが生じ隙間ができ，結果的に，溜めてあった水がプールの中に流れ続けることが可能となり，したがって電源が止まっても，水の補給が持続したこと。この2つの好運な偶然こそが，大爆発を防いだのだ，と（鳩山由紀夫＆高野孟『民主党の原点』花伝社，2012年）。

　3.11直後，アメリカは日本壊滅の可能性の存在を掴み，「日本がサバイバルできるかどうかの問題」（米国務次官補のカート・キャンベルの発言『朝日新聞』2013年1月7日）だと認識していた。アメリカの判断を伝える駐米大使からの極秘電報で，官邸も知っていた（同紙，2013年1月3日＆4日）。そして東電トップも知っていたはずである。そうすると，原発事故直後の菅首

相（当時）の今から思い出しても異様だった狼狽ぶりが納得できる。自民党政権で再登板した安倍政権は，この好運な偶然が重なった非常時の内幕をはたして知っているのだろうか。

　外交も危うい。中国とは尖閣諸島を挟んで緊張が続き，韓国とは竹島の帰属問題を，さらにロシアとは北方領土問題を抱える。1980年代は，海外摩擦と言えば日米貿易摩擦が専らだった。現在の日米間では，沖縄米軍の移転問題，米軍機の飛行演習（とくにオスプレイ）がもたらす騒音や墜落への不安は消えない。財政難にもかかわらず，米軍への思いやり予算は大きい。

　しかも，日本には130を超す米軍基地が鎮座し，東京を始め1都8県にかけての上空には，日本の上空でありながら，米軍横田基地が管理し，日本の民間機が自由に飛行できない広大な横田空域が存在する（図0-1参照）。東京都は，10年以上にわたって，横田空港の民間利用を求めてきたが，実現には至っていない（市川，前掲書）。

　まさに内憂外患である。ほんの20数年前，経済大国や債権大国という名を享受し，都心に土地をもつというだけで，株価は未曽有の高騰を繰り返し，ついに1989年には東京証券取引所の株式時価総額がニューヨーク証券取引所（NYSE）を上回った。高騰した土地を担保に銀行から融資を受け，それで以てまた土地を買い漁ったのだから，地価と株価が相乗的に高騰し，資産インフレというバブルに沸いた。しかし，1990年代に入ると，今度は一転して，「失われた10年」が，さらには「失われた20年」が続いた。資産デフレである。

　低成長，企業倒産，低株価，ゼロに近い預金金利，給与所得の伸び悩み等々，日本に住む居住者としては，「暗黒の中世」の再

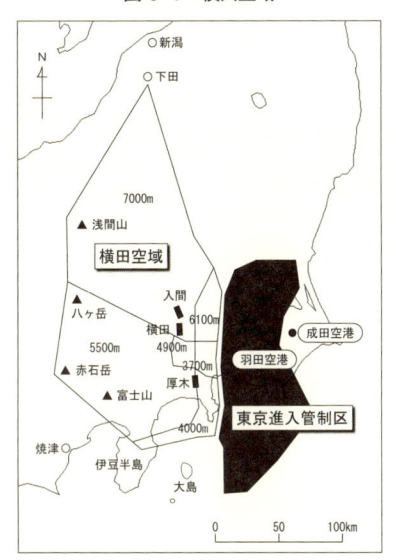

図 0-1：横田空域

出所）市川宏雄『山手線に新駅ができる本当の理由』メディアファクトリー新書，2012年。

現ではないかと思うくらい，なんとも活気のない時代だった。毎年10％を超すGDP成長率の続いた1960年代，バブルと称された債権大国相場に沸いた1980年代に支配的だった社会の勢いはすっかり消えた。人口減少，日本没落，資産フライトが話題になることが増えた。

◎世界を動かすグローバル化

いったい，何を，どう考えるべきだろうか。世界を見渡せば，かつて「貧困の悪循環」（ラグナー・ヌルクセ）と称されたアジアが高成長を繰り返し，中間所得層（＝ボリューム・ゾーン）の

膨張が市場を引っ張っている。日本企業からも，そういうアジア中間層を狙った市場戦略を聞くことが増えた。よくいう「グローバルな人材」という台詞は，そういう市場相手に競争できる人材が要請されるという意味合いにほかならない。

パソコン・メーカーのコール・センターに電話をかけると，大連の中国人が電話に出ることがある。日本のコール・センターが手一杯の場合は，大連に自動転送される。日本にあるコール・センターも九州や沖縄であることが多く，通信網が全国に，さらには世界に広がっていることを実感する。

欧米の多国籍企業の場合，このコール・センターが英語の話せるインドのIT都市バンガロールに集中するという事情と似る。この話題は，グローバリゼーションによって「フラット化」する世界経済の事情を描いたトーマス・フリードマン（ニューヨーク・タイムズのコラムニスト）に詳しい。

フリードマンによれば，低賃金で英語の話せるインド人は，英米にとって貴重で，英米の主要都市に比べ，5分の1以下の給与や家賃ですむという。とはいえ，現地の平均的賃金に比べれば，はるかに高給に属する。

インドにニュース速報を外注（アウトソーシング）したブルームバークやロイターといった情報通信産業も，多くのインド人スタッフを雇う。保険会社もクレジットカード会社も，バンガロールにコール・センターを構え，衛星通信や海底の光ファイバーで，欧米と通信回路がつながっている。

否，バンガロールに集まる多国籍企業は，単純作業だけを目的とするものだけではない。インテル，シスコシステムズ，IBM，GEといった大企業も，インドに研究開発部門を構えている。要

するに，バンガロールは，IT (information technology) のメッカであるサンフランシスコ近郊のシリコン・ヴァレーの再版である。しかも，コストは，はるかに安い。フリードマンは，大連を，「中国のバンガロール」と呼んだ。

1492年，コロンブスが，丸い地球を意識して，インドへの旅を西回りで航行したのに対して，フリードマンは，障害のない「フラットな世界」を回って，迅速に動くグローバリゼーションの実態を，世の東西を問わず，実感したというわけである（『フラット化する世界（上）（下）増補改訂版』日本経済新聞出版社，2008年，参照）。

一方，リチャード・フロリダ（トロント大学）は，「世界のフラット化」に，真っ向から反論する。特定の都市圏の膨張が表すように，グローバリゼーションは，ある特定の地域だけが突出して経済発展を遂げる「スパイキー（尖った）化」にこそ特徴があり，その背後には，発展から取り残された膨大な未発達地域が広がる，と（フロリダ『クリエイティブ都市論』ダイヤモンド社，2009年）。

フロリダは，グローバル化がもたらした地域間格差の拡大を強調する。フロリダは，衛星写真によって計測された夜間光線をベースに，世界中の経済規模を推定する。light-based regional product と呼ぶ。それによると，世界1位で2.5兆ドルの「広域東京圏」は，世界2位で2.2兆ドルの「ボストン＝NY＝ワシントンDC圏」を上回る。世界5位の「大坂＝名古屋」圏は1.4兆ドルで，世界6位の「ロンドン圏」の1.2兆ドルを超える。かくて，世界5位中，2つの巨大都市圏が日本にある。

一方，フロリダの研究室に在籍する中国人留学生が，「上海に

いる中流層は，アメリカの中流層より恵まれた暮らしを送っている。けれども都会から一歩離れれば，文明化以前の暮らしとしか言えない生活を送っている人々がいる」という言葉の妥当性を指摘する。なぜならば，中国の全国民の17％は1日1ドル以下で生活し，半数は1日2ドル以下，さらに8億人の農民は医者にかかる費用さえ払えないという統計データが中国人留学生の所感を裏付けるものだ，と（同上書）。

戦場報道で名高いジョン・ピルジャーは，ジャカルタの輸出加工区で，高級ブランド物の運動靴（ギャップ，ナイキ，アディダス，リーボック等）が，数千人の労働者によって製造されているが，その労働者の賃金は，1日72ペンス（ちなみに1ポンド＝100ペンスで，日本円で100円弱）にすぎず，それは，インドネシアで生存していける最低限の賃金だという。

つまり，ジャカルタのナイキで働く労働者は，靴一足の値段のわずか4％の給与しかもらっていないことになる。とはいえ，職があるだけ，まだましで，その外には，職のない人々が3,600万人にも及ぶ（ピルジャー『世界の新しい支配者たち』岩波書店，2004年）。

◎激動する世界

ヨーロッパでは，単一通貨ユーロへの期待は消えうせ，逆にEUやユーロへの幻滅が広がっている。ギリシャ，イタリア，スペイン，ポルトガルといった南欧諸国では，失業が深刻で，財政も火の車で，社会不安が覆う。一時は米ドルに次ぐ第2の基軸通貨とまで期待されたユーロだが，その反動が招く幻滅がさらに進めば，解体や崩壊にまで行き着くのかどうか（もしもそうなれ

ば，国民通貨の復活という可能性が浮上する）。その行方から目が離せない。ユーロ圏を牽引するドイツやフランスの指導力が問われる。

　戦後の共同体構想を牽引してきたEUは，そしてその統合の象徴である単一通貨ユーロはどうなるのか。わずか10年前，アメリカの国際政治学者チャールズ・カプチャンは，アメリカの覇権衰退の陰で台頭するヨーロッパに着目し，そういった米欧関係をかつてのローマからコンスタンティノープルへのローマ帝国の東西分裂に重ねながら，EUの勃興を予想した（カプチャン『アメリカ時代の終わり（上）（下）』NHK出版，2003年）。

　中東も激動である。中東の独裁政権を象徴する存在だったイラクのサダム・フセインは処刑され，リビアのカダフィは殺害され，独裁政権の崩壊は続いた。こうした一連の事件は，「アラブの春」と称されるが，底流にあるのは，民主化を求め，独裁に反対する民衆の異議申し立てにほかならない。

　同時に，そうした独裁政権を支えてきたアメリカに対する批判の声も根強い。したがって，反独裁は反米の声につながりやすい。底流には，長年にわたるイスラム教徒に対する差別への憤りがある。「アラブの春」に連鎖するかのように，2012年11月，パレスチナが，アメリカやイスラエルの反対を斥け，国連のオブザーバー国家として，圧倒的多数で採択された（日本も賛成）。

　賛成138，反対9，棄権41だった。1947年のイスラエルとパレスチナの分割以降，国連総会がパレスチナを「国家」扱いしたのは歴史上，これが初めてだった（『読売新聞』2012年11月30日夕）。

　歴史は動く。中東における政治地図を主導してきた，イスラエ

ルの後ろ盾だったアメリカという覇権も後退しつつある。長年にわたって虐げられてきたパレスチナが，国家としての地位を獲得した歴史的快挙を果たした瞬間である。パレスチナ出身でコロンビア大学教授として弱者の立場から数々の論を説きつつ，2003年に他界したエドワード・サイードの弁を思い出す。

「大部分の人々は，アイデンティティなど自明のものだと思い込んでいる。パレスチナ人の場合，そうはいかない。大なり小なり絶え間なくアイデンティティの証拠を示すことを要求されるからである。私たちがテロリストと見なされているというばかりではない。（他のどこにでもなく）パレスチナに本源的な所有権を有する土着のアラブ人居住者としての私たちの存在が，否定もしくは疑問視されてもいるのだ」（サイード『パレスチナとは何か』岩波現代文庫，2005年）

アイデンティティとは，「私たちは誰であり，どこの出身で，何であるかということ」（サイード，同上書）にほかならない。サイードは，パレスチナというアイデンティティに拘泥しつつ，つまり，その虐げられた民族性に依拠しつつ，世界に溢れる数々の不条理を突いた。アメリカに行けば，途端にアメリカ的思考様式のコピーになってしまいがちな日本人インテリと，何と大きな違いだろう。サイードは，「知識人とは，その根底において，けっして調停者でもなければコンセンサス形成者でもなく，批判的センスにすべてを賭ける人間である」（『知識人とは何か』平凡社，1998年）と言い切った。

アメリカも激動の例外ではない。2011年秋，「Occupy Wall

Street」という格差反対運動が全米を覆った。アメリカでは、これまで機会が均等でさえあれば、結果不平等への反発は少なかったが、あまりにも巨大な不平等に憤激の声が上がる。「われわれは99％だ！」という声は、貧困を余儀なくされる理不尽さに対する怒りの声にほかならない。2008年末に大きな期待を集めて登場したオバマ政権は、次第に幻滅に変わりつつある。

2011年5月、オバマをはじめホワイトハウスは、奇襲によるウサマ・ビン・ラーディン殺害を、「テロ戦争勝利」としたが、アメリカ以外のどこの人々が共感を覚えただろうか。2003年3月の猛爆撃で始まったイラク戦争でも、アメリカは勝てなかった（2011年末、米軍のイラク撤退）。2001年9.11直後に始まったアフガニスタンでの戦争も、収束からは遠い。

一方のイラクは内戦で混乱したまま、侵略者と戦うレジスタンスだという声も上がり、当初アメリカで期待された「ベトナム後遺症」からの脱出どころか、「第2のベトナム」という空気が漂っている。

2012年11月、オバマは再選され、2013年から第2期政権が始まったが、結局、好戦的だったブッシュの失敗を引き継いだだけで、その功績は見えない。財政赤字もさらに悪化し、再選され、第2次政権が始まるや否や、「財政の崖（fiscal cliff）」の行方が懸念されている。

まさに、世界は激動である。われわれが歴史的な乱世を生きているのは間違いない。これまでの経済大国や債権大国という日本の自意識では、とても対応できない。いったい、どういう認識を持ち、どういった情報を取捨選択し、どのように対処していくべきだろうか。

それは，単純な受験勉強的○×式思考法では，太刀打ちできない。歴史や現代の動きに対する確かな教養と，それに基づく経済社会に対する知見を磨くことが肝要だろう。

◎歴史に学ぶ

歴史は，いつ何が起き，だれがどうした，こうしたといった単純な暗記モノではない。事実の確認だけなら，今やPC（personal computer）のキーボードを叩けば，すぐに分かる。そんな受験でしか役立たないような些末な知識を頼りにせず，過去と現代を結び，丸ごと全体を鷲掴みにできるような認識力や構想力を磨くことこそが重要である。

たとえば，ヨーロッパで東インド会社が設立された頃，日本では天下分け目の関ヶ原の戦いが起こった。しかし，その年次をいくら暗記したところで，その意味合いは理解できず，現代とのつながりも分からない。

年表を憶えるのがまったく無意味だというわけではない。重要な出来事を頭に入れていなければ話にならない。しかし，それだけでは，知的な興奮は沸かないだろう。オランダ東インド会社（1602年）は史上初の株式会社である。なぜ株式会社だったのか（同社はアムステルダム証券取引所の代表的銘柄だった）。あるいは，なぜインドネシアを東インドと言うのか。それ以外にも，世界にインドと名のつく地名の多いことに気付く。

地名だけではない。アメリカ先住民はアメリカ・インディアン，ラテンアメリカの先住民はインディオと呼ばれる。ヨーロッパにとって，インドの意味合いとは何だったのだろうか。

そもそも，関ヶ原の戦いを1600年という年次で覚えるだけで

は，退屈なだけだろう。西欧が株式会社というシステムを作って，アジアに乗り出してくる，そんな時代にあって，株式会社といった制度（日本でそれができるのは明治）からは程遠く，関ヶ原で戦を行っていた日本は，近代社会の常識からは西欧に大きく遅れをとっていたのだろうか。

関ヶ原の戦いは，世に言うように，かならずしも「豊臣対徳川」の戦いというものではなかった。圧倒的に多い豊臣勢のなかで，豊臣家についた家臣側と，徳川家に寝返った旧豊臣家臣団相互の戦でもあったからだ。

官僚上がりの石田三成ではなく，豊臣秀頼（秀吉の実子ではなかったという説も根強い）と淀君が采配を揮うトップに着いていたならば，歴史の結末は変わっていたかもしれない。あるいは，豊臣方で西軍敗戦のきっかけを作った小早川秀秋の裏切りがなかったら，どうなったか。歴史に，そうした「if」を問うてみることは興味深い。歴史の必然とは，いくつかあった可能性のひとつを，たまたま辿っただけの結果論かもしれないからだ。

ところで，日本では，近代と言えば，だれもが明治期以降だと認識する。江戸時代は近世だと分類される。しかし，西欧歴史学には，近世という時代区分がない。西欧の時代認識は，古代→中世→近代，という区分だからである。日本では，中世と近代の間に，近世という時代区分が入る。これは，なぜなのか。

いずれも，すぐに解答が浮かぶ問題ではない。受験の暗記モノとは異なり，実際の歴史は，「〇」でも「×」でもない。政治経済力学の絡みやダイナミズムによって，歴史は動く。その絡み合いによって，歴史は異なった動きを示す。そうした情報をふんだんに取り入れ，その思考様式を磨くことによって，歴史観も鍛え

られ，人間や社会を眺める眼差しも多様化するはずだ。

　時代が変われば，歴史観も変容する。たとえば，西欧との接触の始まりは，鉄砲伝来（1543年。1542年説も）からである。鉄砲は，戦国時代の戦の仕方を根本から変え，武田の騎馬軍団に代わって，織田信長を天下の覇者とした。堺の商人を通して，ポルトガルとの接触のあった織田信長が有利に駒を進めた。日本の大航海時代との出合いだった。

　京都先斗町とは，ポルトガル語の ponta（先端）に由来するという説も，納得できそうな気がする。カステラ，パン，ブランコ，ボタン等々，日本に残るポルトガルの名残は，16世紀に起こった両者の遭遇を思い出させる。

　その後，日本が採った鎖国令，あるいは禁教令は，西欧との接触を断った。否，西欧との取引を長崎出島に封印し，取引を幕府が独占することによって，自らの権力と権益を守ることに成功したのだと言った方がいい。

　江戸時代が250年以上も続いた根拠は，幕藩体制云々という国内的要因よりも，むしろ，海外取引というグローバリゼーションを幕府独占下に置くことによって，薩摩や対馬といった一部の例外を除き，海外取引による危険性（地方大名の勃興）を遮断することに成功したからでないだろうか。しかも，モノの取引こそ，長崎出島で行ったが，キリスト教は厳しく弾圧し，庶民には考える自由を与えなかった。そう考えれば，一気に開国・開港に踏み切るやいなや，徳川幕府が崩壊してしまったという幕末事情は納得できる。

　幕末史と言えば，高杉晋作や西郷隆盛，さらには坂本龍馬の活躍が浮かぶ。しかし，明治維新への扉を開ける最大の動力となっ

たのは，幕末の志士を明治に向けて動かした開港・開国という外圧（＝ウェスタン・インパクト）が作り出したダイナミズムではなかっただろうか。これは，19世紀半ばのパックス・ブリタニカが醸成した国際政治力学の結果（19世紀版グローバリゼーション）にほかならない。

16世紀のグローバリゼーション（桃山グローバリズム）の相手方はイベリア半島のポルトガルだったが，それから300年たった19世紀半ばのグローバリゼーションでは，それは大英帝国を率いる英国だった。かれらは，石炭，鉄道，大砲，蒸気船等々，資本主義という近代特有の技術や商品を持ち込んだ。東京の新橋駅前にあるディーゼル機関車がその頃の文明開化の足跡を残す。

明治期を背負った伊藤博文を始め長州藩の面々は，元々は攘夷派だったが，長崎グラバー商会（そのバックは英国のジャーディン・マセソン商会）の手を借りて，英国への密航の旅に出る。

英国滞在から帰国するや否や，かれらは攘夷を捨て，開国派に転じる。長崎のグラバー園は観光で有名だが，グラバーの出身地に近いスコットランドのアバディーンにもグラバー邸がある。そこで見たパンフレットには，「三菱帝国」を作ったスコットランドのサムライという説明があった。

現代もそうである。1996年に橋本龍太郎の放った金融ビッグバン宣言にしろ，あるいは21世紀に入ってからの小泉純一郎の不良債権処理（「不良債権処理なくして景気回復はない」という台詞）や郵政民営化（「民間にできることは民間に任せる」という台詞）にしろ，アメリカの外圧を抜きには考えられない（ちなみに，郵貯は，今以て，保有資産では世界1位である。*Fortune,* Jul. 23, 2012）。

2012年，原発ゼロを内閣方針として打ち出しながら，アメリカの意向（原発維持）を知るや否や，途端に野田内閣がトーンを変えたことも記憶に新しい。脱官僚を訴えて民意を掴んだ民主党政権は，マニフェストという空事を弄しつつ，党内抗争に明け暮れた結果，衆議院選挙で惨敗した。2012年12月，3年3ヶ月で民主党は政権の座を去り，安倍晋三自民党政権が再登場した。

◎ grand strategy（大戦略）の重要性

著者が，世界の歴史を振り返りつつ，日本のいまを理解するという手法を磨く重要性を感じるのは，いまの日本の混迷は小手先の策では打開できないと思うからである。繰り返すが，要は，日本のいまを理解するために，歴史から教訓を汲み取ることである。

戦後日本を縦横に語った知識人に加藤周一がいる。加藤は，日本人の支配的メンタリティを，「現在主義」だと性格付けた。過去は水に流し，明日は明日の風が吹く，と諦観し，現在にばかり拘泥する姿勢がそれである。

そういう構えは日本国家も同様で，他力によって変化した状況に俊敏に反応する，いわば「座頭市外交」だ，と。日本では，状況は「変える」ものではなく，「変わる」ものだとされるからだ，と。加藤は，一例として，真珠湾攻撃が起こった1941年12月，近未来は知る由もなく，東京市民が愉しそうな表情だったことを挙げている（鷲巣力編『加藤周一セレクション5／現代日本の文化と社会』平凡社，1999年）。

昔があって今があり，その延長線上に明日がある。しかし，学生に昔の話をすると，えてして，「先生，それは昔のことでしょ

う」とか,「今はどうなっているのですか」という質問を受けることが多い。なかには,わずか10年前のことにすら,昔のことだと言い切る学生もいる。見事なまでの「現在主義」である。

だが,今とは,過去の積み重ねの結果(累積残高)なのであり,過去と現在はつながり,また,そのつながりの上に将来がある。だからこそ,歴史から教訓を汲み取り,過去の失敗を繰り返さないように,熟慮を重ねることが,重要なのである。

歴史の蹉跌に学ぶことなく,近未来のシナリオも描けなければ,専ら,情緒的気分に身を任せる姿勢にならざるをえない。それでは,世界の激動が押し寄せるなか,国家や民族は漂流を余儀なくされる。停滞や没落を跳ね返すには,知見や教養や情報に裏付けられた戦略作りこそが必要である。

換言すれば,政治学者のチャールズ・カプチャンの言う,世界の概念図から導き出される grand strategy の必要性にほかならない。なぜならば,そこには,民族や国家の存亡がかかっているからである。

カプチャンは,英国史を紐解き,16世紀末におけるエリザベス1世や,20世紀の首相チャーチルが下した,外交戦略上の大英断を評価しながら,戦略を磨くには,歴史的基礎知識と学際的訓練が要る,と言う(『アメリカ時代の終わり(上)』NHKブックス,2003年)。

本書で,読者と一緒に,世界の歴史と現代を辿る旅に出たいと思う。読み手(聞き手)が知的興奮を覚えてくれることを,最大の目標にしつつ‥‥。

序章の課題

1. 東京集中の現場を歩いてみよう。霞ヶ関，丸の内，日本橋，銀座，有楽町，汐留，品川，新宿，上野等々，面白い発見はできるだろうか。江戸時代の名残が漂う泉岳寺や増上寺，さらには品川宿跡も興味深い。江戸と東京を再発見しよう。
2. 日本と世界の具体的なつながりを考えてみよう。かつて少数だった外資系金融機関や外資系ホテルはいまや多くなっている。その定着度や存在感を考えてみよう。余裕があれば，Café で coffee でも飲んで一休みを。
3. 16世紀，19世紀，そして現代の globalization を比べてみよう。長崎出島を訪ね，グラバー園を覗き，さらには坂本龍馬の作った亀山社中を訪ねるのも一計。幕末に活躍したサムライ気分に浸ってみよう（実際に行けなくとも，インターネットで回ってみるのも一考）。
4. アメリカ，ヨーロッパ，中東，中国，そして日本を見渡しながら，政治経済的激動をチェックしてみよう。3.11 で被災した東北地方を訪ね，ボランティア活動をするか，もしくは宿泊して消費に貢献しよう。人びとと会話を交わし，現場を回るだけでも貴重な経験になるはず。あなたは，避難した人びとの仮設での生活を想像できるだろうか？
5. 韓国釜山には博多港から船で3時間もあれば着く（毎日運航。もちろん，飛行機ではすぐ）。釜山を訪ね，日韓関係を考えてみるのも一計。そこで，あなたは，「近い国」と感じるか，それとも「遠い国」だと考えるか。その距離感には，戦前，朝鮮半島が日本の植民地だった歴史が関係する。近くて遠い日韓関係を手掛かりに，グローバリゼーションについて考える第一歩を踏み出そう。

第1部
世界の経済 then and now

西洋と東洋の世界地図を比較

アジアを中心にした世界地図

ヨーロッパを中心にした世界地図

出所）（財）国土技術研究センター。
　　（http://www.jice.or.jp/quiz/kaisetsu_02.html#01）

　2枚の世界地図の違いが分かるだろうか。日本で眺める世界地図は圧倒的に上である。ところが，欧米で見る世界地図は下。日本を含むアジアと欧米では，脳裏に浮かぶ世界地図イメージが異なることが分かる。なぜ中東を Near East（近東）と呼び，日本や中国を Far East（極東）と言うのかが理解できよう。そういった相違は地図の図柄の話だけでなく，情報や思考様式にも及ぶ。

第1章 / 歴史再考

　英ポンドは，19世紀の基軸通貨として，世界に君臨した。それは，「世界の工場」「世界の銀行」であった英国を象徴する。英国は，ドイツやアメリカの台頭を前に，次第に後退しつつも，ロンドンの国際金融機能によって，パックス・ブリタニカを率いた。その大英帝国の力学は，日本に波及し，明治維新への扉を開き，近代日本の礎を作った。しかし，西洋とは何かを理解するためには，エリザベス女王の前に，もうひとり，カスティーリャ王国の女王イサベルが成し遂げた歴史的快挙を，さらに今以て，大英帝国の遺産を脈々と受け継ぐ国際金融市場の実態も，併せて，理解しなければならない（図は1ポンド硬貨）。

1-1/ 変貌する歴史観

◎ 1492年とは何か？

　時代とともに歴史観は変わる。これは当然だが、自らがその中に生きていれば、そのような価値観の転換が容易ではないことに気付く。鬼畜米英から民主主義への変更を余儀なくされた戦後価値の大転換は、多くの人々を戸惑わせたことだろう。同様に、1989年に冷戦が終わって以降、何がどう変わったのかについても、多くの人々は戸惑い、以前の価値観（イデオロギーの右か左か）に拘泥する。

　アジア経済がどんなに高成長を続けても、多くの日本人は、「貧しいアジア」というかつてのアジア蔑視気分から抜け出せない。明治に入ってからもサムライ気分が抜けずに、時代に取り残された人々のことが思い浮かぶ。時代の変貌は早いが、考え方を変えるのは難しいということだ。

　近代史の出発点とは何かについては、概ね、市民革命と産業革命を出発点とする考え方が通説だった。貿易立国オランダよりも、英国こそが資本主義のパイオニアであり、農工分業の発達に基づく国内市場中心の経済発展や、工場内分業がもたらす生産力向上こそが、近代に相応しいイメージだった。そこには、分業の発達が市場を創造し、生産力を高め、豊かな国民経済が形成されたという固定観念がある。そして、内需（国内市場）が外需（輸

出）に優先されるという考えが出てくる。

そこで，国民国家というアイデンティティが生まれるという文脈である。「経済学の父」と称される古典派アダム・スミスの『国富論』の書き出しが，ピン工場における分業の発展によって，いかに生産力が向上するかを説明しているのは興味深い。分業の発展こそが，経済力を引き上げた鍵であり，その祖国が英国であり，産業革命をへて資本主義を牽引したという英国像が生まれる所以である。

それ以前，イタリアの都市国家やキリスト教カトリックの総本山ローマへの帰属意識が強く，国民国家という意識はそれほど強くはなかった。だからこそ，女王エリザベス1世の「わたしは国家と結婚した」という言葉は，国民国家としての英国の台頭を象徴するものとして歴史に残ったのである。多くの歴史家が，豊かな国内市場（農工間分業による市場拡大と生産力拡大）に基づく英国経済モデルを，望ましい資本主義発達のモデルだと認識してきた。

しかし，近年，資本主義の発達史を，産業革命より以前だと認識する歴史観が説得力を増し，1492年という年がグローバリゼーション500年史の起点として注目を浴びる。1492年とは何か。1つは，コロンブスのサン・サルバドル島到着によるアメリカ大陸航路発見（コロンブスがアメリカ大陸の近くまで到達した最初の西洋人）であり，もう1つは，イベリア半島におけるレコンキスタ（国土回復運動）の達成である。

多くの読者に迎えられた標準的歴史書のウィリアム・マクニール『世界史（下）』（中公文庫）も，近代の開始を1500年だと言い切っている。その指標こそが，ポルトガル勢を代表するヴァス

コ・ダ・ガマや，スペイン帝国の覇権をバックにしたコロンブス等による大航海時代の幕開けであり，さらに精神的には，イスラム追放によるキリスト教世界の勝利の刻印（レコンキスタ）である。いわゆるウェスタン・インパクトの開始，対する非ヨーロッパ勢による抵抗・対抗の始まった時代だと見るからである。

1492年を画期とすれば，世界史観はどう変わるか。フランスを代表する知識人ジャック・アタリは，それは，西ローマ帝国の崩壊以降，ヨーロッパが1,000年という長い中世の眠りから覚め，世界征服に乗り出した年だと見る。それ以前の世界とは，中国が世界一の権力者であり，ラテンアメリカを象徴する文明を誇ったアステカやインカやマヤも健在だった，と（『1492 西欧文明の世界支配』ちくま学芸文庫）。つまり，古代 → 中世 → 近代という3つの時代区分のなかで，ヨーロッパ近代への序曲を奏でた画期こそが1492年だったと捉えるわけである。

1427年のフィレンツェ土地台帳によれば，当時の世界人口はおよそ3億人で，半分以上がアジアに住み，ヨーロッパは5分の1にすぎなかった。1490年のヨーロッパの都市で15万人を超すのは，パリ，ナポリ，イスタンブールの3都市だけ，10万人以上の都市として，ヴェネツィアとミラノが続いた。6万人を超す都市には，コルドバ，ジェノヴァ，グラナダ，フィレンツェ，セビーリャが入った（アタリ，同上書）。

大航海前の勢力図は，イスラムを媒介にアジア物産を，ヨーロッパとの交易に従事していたイタリアの諸都市国家が中心で，後に覇権を握るアムステルダムやロンドンは，まだ代表的な勢力図の枠外にいた。

実際，ニーアル・ファーガソンも，1500年頃の世界最大の都

市だった北京には，60〜70万人いたが，ヨーロッパで10大都市に入るのはパリだけで，それでも20万人に達せず，ロンドンは5万人くらいにすぎなかったと推定する（ニーアル・ファーガソン『文明』勁草書房，2012年）。

スペイン帝国は，まさに大西洋の両岸を結ぶ取引を作り出すことによって，文字通り，世界市場を創造する役割を担った。モノ，ヒト，カネが大西洋を越えて，ヨーロッパと南北アメリカをつないだ。さらに，今日，カリブ海諸島に残る西インド諸島という名称でも分かるように，ジェノヴァ出身の船乗りだったコロンブスはインドに向かったのである。当時，インドとは特定の国名だったわけではない。歴史家のウィリアム・バーンスタインはこう言う。

「中世では，ひと口にインド諸国といっても，それはエジプトかもしれず，日本かもしれず，あるいはこの2国間のどこかの国かもしれないというくらい曖昧だった」（『華麗なる交易』日本経済新聞出版社，2010年）

それは富の宝庫だと目されていたアジア物産の争奪戦だった。しかし，アフリカ経由の東回りでインドに向かえば，イスラム勢との闘争や，先んじていたポルトガル勢との競争も懸念された。「イスラム教徒がインド洋，紅海，ペルシア湾の主要貿易ルートを支配しているあいだ，ヨーロッパ諸国はこれらの市場に参入することを夢見ていた」（同上書）。

バーンスタインによれば，コロンブスは海への誘惑を抱いて，最初の航海はエーゲ海東部のキオス島だった。ジェノヴァ人も

ヴェネツィア人も，オスマン帝国によって，エーゲ海から追い出されつつあった。なぜなら，1453年，東ローマ帝国（ビザンティン帝国）の中心だったコンスタンティノープルはオスマン帝国の攻撃で，陥落したからである。

偉大なるローマは，ローマ帝国の東西分裂後，1,000年以上をへて，ついに栄華を誇った東ローマ帝国（ビザンティン帝国）も崩壊するに至った。権力交替は，周辺の人々の心理的変化を生んだ。コンスタンティノープルが，イスラム文化の色濃いイスタンブールへと塗り替えられるなか，「ジェノヴァ人は一攫千金を夢見て東ではなく西に向かうようになった。コロンブスも例外ではなかった」（上記『華麗なる交易』）のである。

このヨーロッパの中世脱出から近代への序曲を鳴らした大激動期（15世紀〜16世紀）には，文化や芸術でも，数々の天才を輩出した。レオナルド・ダ・ヴィンチ，ミケランジェロ，ラファエロといった偉大な天才芸術家を次々に生んだ。

総じて，ルネサンス（再生・復興）と呼ばれ，その多くが，イタリア各都市で，花開いた。中世から近代へ脱皮する陣痛でもあるかのように，ヨーロッパが精力を上げ，世界を主導し，政治経済のみならず，文化面でも，その存在感を高めた。富の蓄積と文化の高揚は，概して，一致するものだろう。カネが払底すれば，文化も芸術も果てる。文化や芸術をサポートする財力は，メディチ家をはじめ，ヨーロッパには多くのパトロンを見出す。

地理的に西回りの航路をとれば，東に着くはずだという予想には，地球球体説（トスカネリ）や太陽中心説（コペルニクス）の信憑性も影響力を増していた。東西の往来は，イスラム勢との衝突が懸念される陸路よりも，直接に到達できそうな海路が迅速か

つ安全なようだと思われたのも納得できる。海路での障害となる敵といえば，天候くらいで，最大の可能性である異民族による襲撃を恐れる必要はなかったからである。

◎香辛料交易

ヨーロッパが一攫千金を夢見たアジア物産とは何だったのか。それはコショウに代表される香辛料だった。「おお神よ，スパイスよ！」——1498年5月，ポルトガルのヴァスコ・ダ・ガマの一行がインドに近づいたとき，これが水夫たちの上げた歓喜の声だった。何世紀にもわたってベニスの商人によって独占されてきたスパイスの交易を，ポルトガルが奪い取る時代の幕開けを前に

中世末期のヨーロッパ

して，ポルトガルの水夫たちの興奮ぶりが伝わってくる。大航海時代に向けた号令が鳴り響いたのである（P. ルクーター＆J. バーレサン『スパイス，爆薬，医薬品』中央公論新社，2011年，参照）。

文筆家のユイグ夫妻によれば，コロンブスがアメリカ大陸に向かう直前，ポルトガルのコショウのキャピタル・ゲインたるや，驚くべき高額だった。インド諸国でコショウ1kgが銀1〜2gに相当し，それが，アレクサンドリアでは銀10〜14g，ヴェネツィアでは銀14〜18g，アルプス以北では20〜30gに跳ね上がった，と。原産地から最終消費地にまで交易を繰り返すなかで，数々のbrokersを仲介することによって，価格は何倍にも跳ね上がっていったのである。

香辛料は，巨大な役割と素材を含む。消臭，調味料，薬草，香料，染料等々，使用目的は多様である。コショウ以外にも，シナモン，ナツメグ，クローブ，ショウガ，サフラン等々が，取引の上位に挙がる香辛料だった。しかも，これらは，アジアでは豊富に採取されるが，ヨーロッパには自生せず，したがって，このアジアとヨーロッパの交易はつねにアジアの出超，ヨーロッパの入超だった。したがって，ヨーロッパからは常に貴金属や金や銀という貨幣がアジアへ流出して行ったのである（ユイグ『スパイスが変えた世界史』新評論，1998年）。

それ以前，栄華を誇ったヴェネツィアとジェノヴァは，ガレー船によるアジア物産（香辛料）取引の主導権を求めて激しい争奪戦を繰り返した。双方の戦争で，捕虜になったヴェネツィアの商人マルコ・ポーロは，モンゴルへの旅程を回想した『東方見聞録（原題は「世界の叙述」）』を残した。香辛料のカタログが詰まっ

たマルコ・ポーロの著作がたとえどんなに虚構に満ちたものであったとしても、コロンブスやマゼランといった冒険家がそれから着想を得たことは真実だ、と（同上書）。

　実際、セヴィリアの「インド関係総文書館」に保存されている『東方見聞録』の1巻には、コロンブスの手になる366箇所もの書き込みがなされている。コロンブスの「黄金、銀、真珠、香辛料に対する執着心」を示すものだと記す（リュシアン・ギュイヨ『香辛料の世界史』文庫クセジュ、1987年）。

　歴史家のフェルナン・ブローデルによれば、ヴェネツィアは14世紀から16世紀にかけて、ヨーロッパで最も豊かな都市だったという。なぜなら、ヴェネツィアは、レヴァント地方（東方）で買い付けられたコショウや香辛料の大部分を仲介する立場にあって、そうしたアジア物産を、ドイツをはじめとするヨーロッパの消費地につなぐ役割を果たしていたからだ、と。そして、ヴェネツィアをはじめ地中海の長期にわたる繁栄に最初の一撃を食らわしたのが、1498年のヴァスコ・ダ・ガマの大航海だった、と（ブローデル編『地中海世界』みすず書房、1999年）。

　スペインによる大西洋ルートでの直接の貿易が活況を迎えるにつれて、そしてポルトガルによるアフリカ喜望峰経由での直接のアジア取引が活況を迎えるにつれて、ヴェネツィアもジェノヴァも、次第に、勢いを失った。コロンブスも当初の進出目標としていたエーゲ海が、イスラム勢で抑えられたため、その志向を西向きに変え、女王イサベルとの接触を狙った。

　歴史家のキンドルバーガーは、「1502年にはアラビアを横断するキャラヴァン・ルートはいったんは途絶えてしまった」と言う。東方とヨーロッパを結ぶ地中海交易のライバルだったヴェネ

ツィアとジェノヴァは，交易の中心がイベリア半島に移るとともに，その役割が低下していった。

さらに，キンドルバーガーはイタリア諸都市が衰退した内的要因として，貿易の後退によって金融業に傾斜したが，それもうまくはいかなかったこと，都市内部における中産階層が貧弱で，貧富の格差が拡大したことを挙げている（キンドルバーガー著『経済大国興亡史 1500-1990［上］』岩波書店，2002年，参照）。今も英国に残るマーチャント・バンカーは，貿易商から金融業へ推移した歴史的経緯を残す。

金融といえば，アジアは銀圏であり，その交易には銀貨決済がなされた。しかし，ヨーロッパは決定的に地金不足に陥り（需要の高まるアジア物産を決済する資金不足），それを賄ったのが16世紀の南米ポトシ銀山と日本の石見銀山だった。

前者はスペインが，後者はマカオを拠点としたポルトガルが，次いでヴァタヴィアを拠点としたオランダ東インド会社が，その交易を仕切った。その巨大な銀山のゆえに，東西貿易の決済はなされ，ヨーロッパ近代の礎が作られたとすれば，その世界史上における意義はきわめて大きい。

ところで，大航海時代といえば，別々の航路でインドへ向かったコロンブスやヴァスコ・ダ・ガマといった大冒険家の名前が思う浮かぶ人々が多いだろう。しかし，それと類似した冒険はヨーロッパの独占だったわけではない。それよりもっと以前に，もっと大規模な大商隊を引き連れ，インド洋の西方を回り，アフリカ東海岸を南下した中国の一隊がいた。明王朝時代の鄭和がそうである。中国明朝の鄭和が，実は，コロンブスより（というよりも，類似の航海を目指したポルトガルのヴァスコ・ダ・ガマより

といったほうがいいだろう）はるか以前に，インドからアフリカへの冒険を敢行していた。

　この2つの旅程を，歴史家のニーアル・ファーガソンは比べている。それによると，明の永楽帝が遣わした鄭和は，15世紀初頭の1405年から24年にかけて6回に及ぶ大航海を敢行している。しかも，その船舶は全長120mの大型船で，コロンブスがアメリカに出港したサンタ・マリア号の5倍近かったという。さらに，鄭和の艦隊は300隻に上り，乗員は28,000人に上ったというから，驚くほどの大艦隊だった。ファーガソンは，ヨーロッパがこれほどの艦隊を編成したのは，20世紀の第1次大戦までなかった，と記している（前掲『文明』）。

　では，鄭和の渡航目的は何だったのだろうか。ファーガソンによれば，それは「蛮族の国ぐにに赴いて土産品をバラまき，力を見せつける」ことだったという。そこで，その偉大な存在に敬意を払った現地の首長は，南京の永楽帝が住む宮殿まで使いを送ったという。

　一方のヴァスコ・ダ・ガマは，わずか4隻の船団で，乗員170人という少人数で，専ら，その目的は香辛料を見つけて，それまでヴェネツィアが押さえていた利権を奪い，ポルトガルに優位をもたらすことだった。それがアフリカ喜望峰経由でのインド航路の成功への悲願だった。ガマの成功ゆえに，ポルトガルはヴェネツィアを打ち負かすことができたのである。しかし，それにしても，鄭和の大商隊に比べれば，ガマの方はいかにも小振りである。当時の中国とヨーロッパのパワーの格差を象徴するものかもしれない。

　かくて，ファーガソンは，両者の差を，香辛料交易への執着の

有無に求めた。それだけではない。ファーガソンは，鄭和が平和的な交流を求めたのに対し，ヨーロッパ勢は暴力的で略奪的だったと説明する。暴力的で略奪的だったのはポルトガルに限らない。その後のスペインもオランダも英国もフランスも，同様で，いずれも交易を求めて戦争を繰り返した，と。ポルトガル人の種子島での漂着が，鉄砲伝来と重なるのは，無理もない。

1602年，オランダ東インド会社が設立されたが，それは世界初の株式会社として歴史に名を残す。同社は，その後，アムステルダム証券取引所の最も活発に取引された銘柄だったと言われるが，それは，このアジア交易がもたらした巨大な富が配当となって，株主に支払われたからである。史上初の株式会社の収益源が，アジア交易から上がる利益だったということは，興味深い。そうした東インド会社ネットワークの一翼に，ヴァタヴィアもマカオも，そして長崎も位置づけられたということである。

◎商業・流通 vs. 工業・製造業

しかしながら，経済史論的には，こうした東西交易のもつ商業革命の意義は，産業革命と比べれば，低い評価しか得られなかった。英国の産業革命が資本主義のパイオニアだったという積極的評価に比べれば，ポルトガルやスペインやオランダは，概ね，評価が低い。なぜか，英国は，パックス・ブリタニカの牽引者であり，綿工業という製造業で技術革命を作り出し，その結果，近代資本主義を創造したと，了解されがちだった。

明治が江戸を否定したように，パックス・ブリタニカは，それ以前のイタリア都市国家もスペインもオランダも否定した。イタリアに至っては，ルネッサンスという文化・芸術は評価される

が，近代資本主義や市場経済の担い手として，近代社会を作り出した主役として認識されることはない。しかし，複式簿記や銀行も，フィレンツェやジェノヴァで生まれ発達し，富裕なメディチ家が全盛だった時代は，フィレンツェが金融業で栄華を極めた時代と重なる。

マーチャント・バンカー（merchant banker）というのは，19世紀のパックス・ブリタニカにおける英国独特のもののような印象があるが，元々は，地中海沿岸の貿易業者で，アジアとヨーロッパとの交易に従事する商人（merchant）だった。次第に，交易そのものが大西洋に移るにつれて，交易の重要性が落ち，その結果，かれらの主たる仕事が交易から金融に移っていったことの名残である。

東西交易の貿易に仕分けを施し，それにファイナンスする金融業の役割はそこに発生源を求められる。銀行を bank というが，それは banco（腰掛椅子）というイタリア語に由来する。つまり，イタリアの商人が banco に座って話し合いながら，貿易や取引の金融や決済を行ったという歴史に由来する（Edwin Green, *Banking: an illustrated history*, Rizzoli, New York, 1989）。

英国とアメリカは，ともにアングロサクソンであり，今に至る覇権を掌握している関係上，概ね，大陸ヨーロッパよりも，格上に評価しがちだという日本の空気が関わる。「勝てば官軍」というのは，明治期に，薩長新政府が徳川幕府方を打ち負かしたときのことである。同様の言葉に，「勝ち馬に乗る」という諺もある。日本社会は「勝ち組」に従順で，「負け組」に冷たい。同様にイタリアやスペインは，郷愁や哀愁という気分は残るが，畏敬や憧憬という対象にはなりがたいのかもしれない。

敗戦後，アメリカは戦争時の敵方で，広島や長崎に原爆を投下したにもかかわらず，連合軍総司令官マッカーサーへの日本人の態度は，敵対や抵抗は一切なく，むしろ徹底した恭順の姿勢を示した。多くの日本人が，過去の軍国主義を糾弾し，新しい権力者に媚びを売り，そして戦後の窮状を訴える文面を送ったのである。歴史家が「敗北を抱きしめて」（ジョン・ダワー）と評するのも頷ける。

視点を変えれば，日本における流通軽視が見えてくる。戦後，中内ダイエーに牽引されるスーパー・マーケットの成功に対して，流通革命なる言い方があった。それは，生産と流通を比較すれば，圧倒的に生産が握っていた権力を流通が奪取するということを意味した。

より具体的には，ダイエー発祥の地である大阪で，ダイエーで売る商品価格を決定する権限は，当該商品を作ったメーカー側にあるのか，それともそれを一般消費者に販売する小売のスーパー側にあるのか。それを巡って，ダイエーと松下は訴訟沙汰までに発展した。この事例は，日本では流通よりも生産側（メーカー）が概ね上位に位置づけられることの所産である。それをダイエーが逆転させようとしたからこそ，流通革命という言い方が定着したのである。

それは昔の話ではないかと思うだろうか。しかし，2008年9月のリーマンショックでも，過度な金融取引，つまり，行き過ぎた金融投機こそが危機を招いた元凶であって，日本の伝統的なモノ作りに戻ろうという掛け声が鳴り響いたことは，記憶に新しい。

森嶋通夫から聞いた話だが，かつてサントリーがロンドン大学

に学術資金を寄付しようとしたとき、その運用をめぐって議論があった。ロンドン大学側は株式での運用を主張したが、日本側はそんな投機的な運用ではなく、土地で運用すべきだ、と主張したという。日本と英国の価値観の相違を示していて、興味深い。結局、ロンドン大学側は、土地運用案を斥け、株式で運用した。

華人認識にしても、日本独特の了解があった。華人は今や、海外に5,000万人もいるほどに巨大な存在だが、その圧倒的中心は東南アジアである。それは今も昔も変わらず、その多くが、戦禍や革命を逃れ、広東省から香港経由で東南アジアに脱出したため、香港に近い広東省や福建省を出身とする人々が多い。東南アジアでは、その多くが、人口比では少数派ながら、経済力ではどの国においても圧倒的な存在となっている。「香港の不動産王」にまで伸し上がった李財閥も、戦後はドライフラワー（香港フラワー）製造で有名な存在にすぎなかった。

しかし、日本では、華商とも称される華僑・華人は、概して、商業に従事する民であり、工業や製造業での競争力はなく、日本の産業力の競争相手ではないという理解があった。名前に「僑」と付けたことも、一時的（temporary）滞在者というニュアンスで、長期的な永住者ではないという含みを付与した。これも、競争相手としては、格下に見る気分を醸成した。英語では、overseas Chinese と言い、temporary という意味合いはない。

かくて、日本では、歴史的に、商業・流通よりも工業や製造業が格上だという価値観が、歴史的に根強いのである。しかし、これが日本型組織の弱点ともなっていることを忘れるべきではない。戦時中に、よく日本軍は残虐な行為を行った。それは食料や資材や人材や情報等々、前線と後塵との補給ルートやコミュニ

ケーションに長けておらず，そのような兵站（logistics）に対する意識が薄かったからだ，とよく言われる。兵站という補給ルートを断たれた軍隊は，統制を失って暴虐部隊と化すか，さもなければ飢死に追い込まれてしまう。

つまり，「行け！」「突撃！」という上官の号令で，専ら突進するものの，後方にどういう補給路を築き，どういう人員交替で戦線を構築するのかは，問題意識にほとんどなかった。後方からの補給路がないままに突進すれば，継続的に戦うことは不可能になってしまう。その結果，補給路を絶たれた前線部隊は，飢えを逃れるために，残虐行為に走る。戦時期の日本軍における最多の死因が餓死だったことも頷ける。

◎聖なる戦い

種子島への鉄砲伝来は，16世紀半ば（1543年）だが，漂流してきたのはスペイン人ならぬポルトガル人だった。その後，1549年にフランシスコ・ザビエルが，日本で初めてキリスト教を伝えた。ザビエルは，ポルトガル王からインドのゴアに派遣され，キリスト教布教の旅上にあった。香港に隣接するマカオもポルトガルの植民地だったことが示すように，16世紀大航海時代のアジアとの接触を先導したのはポルトガル勢だった。

その時代の痕跡は，日本各地に残る。長崎のグラバー園は19世紀パックス・ブリタニカとの交流の痕跡だが，佐世保郊外のハウステンボスは17世紀の覇権国オランダとの交流を思い出させる。1580年代，大村純忠等のキリシタン大名が遣わした天正少年遣欧使節団は，マカオやゴア経由でヨーロッパに向かい，ポルトガルやスペインで歓待を受け，ヨーロッパに日本の存在を知ら

しめることになった。だが，帰国が，秀吉による伴天連追放令が発布された後で，多くの日本人キリシタンが，マカオに追放された。秀吉の断罪の痕跡は，長崎駅前の丘に，殉教した西坂二十六聖人として残る（1597年）。

　そうしたヨーロッパとアジアとの初接触が実現する機縁を作ったのが，1492年だった。地政学上も宗教上も，いずれもヨーロッパの勝利で始まった。グローバリゼーションはここに始まり，ヨーロッパ近代なるものの雄叫びであり，中世の終焉が印された。

　グラナダのアルハンブラ宮殿は，女王イサベルによって滅ぼされたイスラム教徒の最後の砦だった。キリスト教徒とイスラム教徒の数百年にわたる戦いに決着がついた年も1492年だった。1453年にはイスラムがヨーロッパに一矢報いた（オスマン・トルコの攻撃による東ローマ帝国滅亡）が，その39年後の1492年のグラナダでは，ヨーロッパがイスラム教徒に逆襲し，国土回復を意味するレコンキスタがなった。

　1453年にせよ，1492年にせよ，いずれも覇権の雌雄を決したときに，日本で接するのは，キリスト教徒側，つまりヨーロッパからの視点だということが分かる。レコンキスタはヨーロッパ側に立つ史観だからこそ，回復というのであって，奪われたイスラム側の言葉ではない。同様に1453年も，もしもイスラム側に立つならば，東ローマ帝国滅亡やコンスタンティノープル陥落とは言わず，オスマン帝国成立となるだろう。

　歴史を語るときの価値観というものが，名称ひとつとっても，世界史の覇権と無縁ではないことが分かる。たとえば，ASEANの一国フィリピンの名称も，かつてフィリピンの宗主国だったス

ペイン帝国最盛期のフェリペ2世に由来する。

イスラム勢を攻めるキリスト教徒を率いた女王イサベルは，同時に，パトロン（patron）としてコロンブスのアメリカ大陸航路への資金援助を行ったことを考えれば，このグローバリゼーションの起点を飾る双方の歴史的大事件の主役の座には，いずれも女王イサベルが関与していた。

しかしイスラム文明の結晶として豪華絢爛ぶりを誇るアルハンブラ宮殿に魅せられた女王イサベルは，宮殿を占拠するも破壊せず，自らもそこに眠った。今も残る哀愁漂うフラメンコ・ダンスには，破壊され追放されたイスラム教徒の哀しみが込められていると言われる。そこに漂う旋律を言い表すには，ポルトガル語の「サウダーデ（哀愁）」が最も当てはまるかもしれない。生きることの切なさを込めた「怨歌」とも称される日本の「演歌」にも相通じるものがある。

1993年に発表されたサミュエル・ハンチントンによる話題の論考「文明の衝突」（当初フォーリン・アフェアーズ誌に発表されたときは論題に「？」が付いていたが，著作になったときは消えていた）は，西洋文明に対する次の挑戦者はイスラム文明だと断罪した。しかし，逆に言えば，西洋の発端，西洋のアイデンティティをキリスト教に据えた点で，西洋認識の何たるかが表明された。その点で，ハンチントン流の西洋史観の発端は，イサベルのレコンキスタに遡ることが可能だろう。キリスト教とイスラム教の長年にわたる係争の歴史の重々しさが想像される。近代を近代ならしめるキリスト教に基盤を据えた西洋流のアイデンティティの成立である。

実際，1990年代以降，旧東欧諸国のEU加盟が相次ぐなかで，

トルコは何度もEU加盟を希望したにもかかわらず，ついにその希望は実現されなかった。イスラム教徒の国家であるトルコは，ヨーロッパから見ればアジア（もしくはオリエント）だということだろう。トルコは，日露戦での日本の勝利（ロシアの敗北）に喝采を上げたと言われるが，それは，クリミヤ戦争でロシアに敵対した同国のアジア意識のなせる業だろう。

　かつて，「オリエンタリズム」の解釈変更（たんなる東方趣味ではなく，西洋がオリエントを見下げて言うときの差別意識）で名を遺したエドワード・サイードは，ヨーロッパではアジア（オリエント）の主たるイメージは中東だが，北米ではそれが極東（つまりは日本や中国）になるという興味深い指摘をした（『オリエンタリズム』小学館ライブラリー，1993年）。

　つまり，中東から極東までの広い地域こそが，ヨーロッパから見たアジア（もしくはオリエント）像なのだが，中東との付き合いこそが，イスラムとの対立も含めて頻繁だったヨーロッパから見た，一番強烈なオリエント・イメージなのである。十字軍による聖地奪回をめぐる戦いにせよ，コンスタンティノープルの陥落にせよ，レコンキスタにせよ，両者の係争には長い歴史がある。ヨーロッパが抱くこのアジア・イメージに刻印されるイスラムとの係争史こそが，ハンチントンの「文明の衝突」史観を形成したにちがいない。

　一方，そうではない北米から見れば，アジアとは，太平洋を挟んで隣に位置する，日本，中国，韓国といった極東なのである。

1-1 の課題

1. 写真や書籍，できれば実際に美術館に行って，西洋美術を鑑賞しよう。ルネッサンス期の代表的巨人である，ダ・ヴィンチ，ミケランジェロ，ラファエロ等々の作品から，ルネッサンス美術の神髄に浸ってみよう。「モナリザ」「最後の晩餐」「アテネの学堂」等々，有名なものばかりだ。併せて，当時のヨーロッパを覆った近代への序曲を感じることができるだろうか。

2. 16世紀以降，イタリアやスペインを覇者とするかつての西洋は，次第に劣化し，覇権はオランダをへて英国に移った。オランダは江戸期の長崎出島における交易相手として，英国は19世紀から20世紀前半に最も交流のあった相手として記憶に残る。この近代史の覇権交替を彩った諸国のなかで，あなたはどの国に一番，好感を抱くだろうか。それは，多分，ヨーロッパを眺める日本社会の気分と重なるだろう。

3. 生産と流通をどう総合的に判断するか。Logisticsの概念で，総合的に考えてみよう。これは兵站と言われた戦時の場合のみではない。ビジネスでも，「ロジ担当」という担当部署が，出張の段取り，交通機関，宿泊先予約，さらには打ち合わせのスケジュール設定等々を行うことがある。「ロジ」の重要性が感じられるだろうか。

1-2/ パックス・ブリタニカの世界

◎「世界の工場」英国

　近代とは何だろうか。国内における農工間分業の発展によって，豊かな国内市場が創出され，それが生産力を高揚させたと考えるならば，貿易はあくまで余剰が向かう派生的なものだという認識に至りやすい。スミスに代表される古典派の貿易論が「余剰はけ口説」だと称される所以である。そこでは，国内市場の豊かさこそが健全な資本主義だと認識される。「暗黒の中世」が停滞する時代だと一括りにされ，それとは対照的な「豊かな近代」が対比されることになる。

　こういう認識は，第2次大戦後の日本でも散見される。戦前の軍国主義に基づく満州や朝鮮といったアジア域内の植民地化（＝大東亜圏構想）は，国内市場が狭かったため，海外に市場を求めて狂奔した結果だというわけである。この国内市場の狭隘性は，貧困による人々の消費能力の貧しさにほかならない。

　そうした反省に立てば，戦後の日本経済が豊かさを求めて，経済成長一直線に突き進んだのも納得できる。豊かな国内市場があれば，海外へ市場を求めることもなく，平和国家・日本が維持できる。戦後長きにわたり，貿易立国と言われながらも，一貫して，貿易依存度（対GDP比）は低く，日本は国内市場中心主義だったのである。

つまり、アダム・スミスの「余剰はけ口説」も、戦後の日本経済の在り方も、さらにはパックス・ブリタニカを率いた英国経済史の理解も、いずれも、国内市場こそが重要であり、貿易は派生的だという認識が根底にある。

この歴史観の線上で、近代のメルクマールを求めれば、産業革命ということになる。その時代が、何よりも多くの技術革新の連続だったことは間違いない。特許数を年代別に追うと、1760年代以前、ほとんどが年に1ダースを超えることはなかった。ところが、1760年代に突如として急増し、1783年には64に、1792年は85に、1802年は107に、1824年は180に、1825年は250へと急上昇した（キンドルバーガー、前掲『経済大国興亡史』参照）。

たしかに、技術革新が、ある時代に集中して連鎖反応的に起こることがある。誰もが知るように、紡績機は綿工業の生産力を引き上げ、ワットの蒸気機関は鉄道技術を革新し、輸送の利便性や迅速さを促進した。

歴史家のニーアル・ファーガソン（ハーバード大学）は、ジェームズ・ワットの改良型蒸気機関（1764年）、ジョン・ハリソンの経度測量クロノメーター（1761年）、リチャード・アークライトの水力紡績機（1769年）を、「世界の3大技術革新」と評した。しかも、すべてが同じ時代に、同じ国（英国）で開発された。そして、ファーガソンは、「科学革命はいくら科学的に考えても、ヨーロッパ中心主義にならざるを得ない」として、西洋が歴史的に優位を築いた根拠の一つとして科学技術を挙げた（前掲『文明』勁草書房、2012年）。

こうして、近代資本主義のパイオニア英国で起こった産業革命

が，英国の生産力を引き上げたのは間違いない。しかし，それはけっして国内市場中心の経済ではなかった。歴史家のホブスボウムによれば，パックス・ブリタニカの最盛期だった1870年の時点で，1人当たりの英国の貿易額（サービス取引を除く）は，フランスの2.76倍，ドイツの3.16倍，アメリカの3.61倍だったという（E. J. Hobsbaum, *Industry and Empire*, Penguin Books, 1969）。

19世紀における英国の国際収支構造（図1-1）を見られたい。

商品貿易収支は赤字だった。しかし，それを相殺して余りある膨大な投資収益や手数料等収支の黒字があって，その結果，経常収支（貿易収支＋サービス収支からなり，サービス収支の中心は

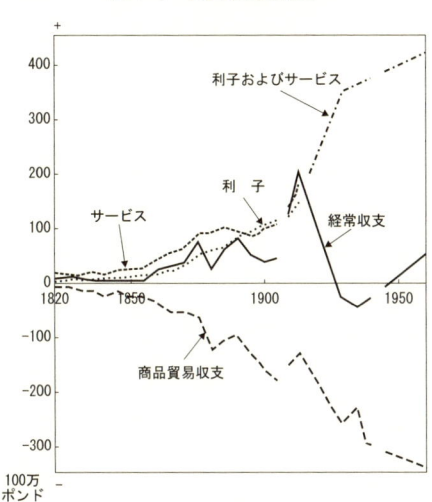

図1-1：英国の国際収支

出所) E. J. Hobsbawm, *Industry and Empire*, Penguin Books, 1968.

投資収益）は黒字だったのである。経常収支の黒字が海外投資に回されることによって，英国は海外投資立国（世界への貸し手）として君臨することができた。資本収支が赤字だったのは言うまでもない（国際収支は，ゼロサムの世界だから，経常収支＋資本収支＝ゼロ）。

しかし，産業革命によって英国の生産力が増大したとはいえ，アメリカやドイツの重工業の急速な台頭によって，19世紀後半になると，その貿易赤字幅がさらに大きくなり，英国は，当初の「世界の工場」という性格を，次第に喪失せざるをえなくなっていった。

とりわけ，「世界の工場」の地位を決定づける鉄鋼生産において，すでに1890年代初頭には，アメリカやドイツの後塵を拝していた。英国の製造業輸出に占める繊維輸出の割合はきわめて大きく，19世紀の1867-69年の時点で，その72%を占めていた。鉄鋼等の重工業が次第に増大し，鉄鋼，石炭，造船，機械といった諸々の重工業がウェイトを引き上げたが，第1次大戦直前ですら，落ちたとはいえ，繊維の比率は製造業輸出の51%だった(Hobsbaum, *op. cit.*, 1969)。英国は，世界の支配的潮流だった重工業化に乗り遅れたのである。綿工業の席巻ぶりが，脱綿工業化を困難にしたということである。

パックス・ブリタニカの英国は海外市場に大きく依存した経済だった。産業革命の主役だった綿工業は，19世紀初頭で半分以上を海外市場に依存していたし，19世紀末には，その比率は5分の4にまでになっていた。鉄鋼は，19世紀半ば以降，40%あまりを海外市場に依存した。

一方，輸入も海外依存度が高かった。額でも，一貫して輸出よ

り大きかった（貿易収支赤字）。しかも，その内訳は原料や食料品を中心とした諸商品である。輸出は綿製品が中心だったが，それを支える輸入といえば，19世紀初期は綿工業の素材である綿花が中心だった。それが，英国の生活水準の上昇によって，次第に，食料品の比重が上昇していった。

英国が主要な買い手だったのは，アメリカ南部の綿花，オーストラリアのウール，チリの硝酸・銅，ポルトガルのワイン，アルゼンチンの小麦・牛肉，ニュージーランドの食肉・酪農製品，デンマークの酪農製品・ベーコン，南アフリカの金・ダイヤモンド等々，膨大な数に上る（Hobsbaum, *op. cit.*, 1969）。

19世紀パックス・ブリタニカ時代の支配的貿易を合理化する理論が，ディビッド・リカードの比較生産費説だった。各国は，比較的に優位な生産性を誇る産業に特化し，そうではない産業の商品は輸入するのが，世界の厚生につながるという論理だった。つまり，英国は得意の工業に特化し，工業の生産性の低い世界は農業に特化し，その結果，工業と農産物を交換すれば，世界の厚生は高まる，と。

これだと世界的な農工間分業は正当化されるが，しかしながら，一次産品が優位にある国はいつまでも工業化が不要だということになる。この貿易論は20世紀前半まで支配的で，その論客こそが古典派のリカードだった。この論説に対して，価格や所得の需要弾力性の相違に着目したプレビッシュが，農産物の工業品に対する交易条件の不利を訴え，激しく批判した。政策的には，1960年代以降，途上諸国の工業化の必要性を訴え，そのパイオニア的理論を実現したものとして，アジアNIES（Newly Industrializing Economies）のような新興諸国の工業化路線が登

場してくることになった。

◎「世界の銀行」ロンドン

貿易は恒常的な赤字だったが，それに代わって，大きく浮上してきたのが，「世界の銀行」あるいは「世界の証券取引所」としてのロンドンの機能である。ポンド・スターリングは19世紀の基軸通貨だった。20世紀末（1991年）のEU結成を目指したマーストリヒト条約に合意して以降も，英国がユーロ圏に入らなかったのは，かつての英ポンドの栄光故という要因も無視できないだろう。

世界各国はロンドンの銀行にポンド預金（ロンドン・バランスとかポンド・バランスと言われた）を保有し，それで以て国際取引を決済した。世界の貿易商は，ロンドン宛てにポンド建て輸出手形を振出し，それを買い取った英国系海外・植民地銀行は，それをロンドンに送付して，ロンドンの預金勘定で決済した。ポンドの基軸通貨という実態は，このロンドンの銀行としての非居住者保有預金の振替機能（決済機能）による。

このような説明は，現在の米ドルに似る。しかし，かつての英ポンドは，価格下落が懸念される場合，ポンド預金が引き出され，金（gold）に交換された。取引業者の要求に応じて，金の一定の重量が英ポンドと交換された。この金との交換が，英ポンドの価値安定を保証し，英ポンドの基軸通貨としての存在を支えた。

この点は，金交換を停止した1971年8月（ニクソン・ショック）以降，ペーパーカレンシーになってしまった米ドルとの大きな相違である。ちなみに，ニクソン・ショックまでは金1トロ

イオンス＝35ドルだったが、そのちょうど40年後、米ドル不信が極まった2011年8月には、ニューヨーク株式が驚くほどの乱高下を示したが、金相場は1,900ドルにまで高騰した。この意味は、金融ジャーナリストのフィリップ・コガンが指摘するように、「マネーをつくりだす力に対する歯止め」（『紙の約束』日本経済新聞出版社、2012年）が失われているということなのである。

かつて話したトロントの華人が著者にこう言ったことを思い出す。「散々苦労してきたから、中国政府なんてまったく信用できない。Bank of China（中国銀行）が印刷した香港ドルなんて受け取らないよ」、と。かれら華人が貴金属を好むのは、戦乱や革命を経験し、感覚的に紙幣というものを信頼していないからだろう。所詮、紙幣とは国家が印刷した紙切れにすぎない。つまり、紙幣は発券銀行の債務という支払の約束であり、絶対的な価値をもつ金という貴金属には勝てない。

金交換の保証さえあれば、英国の金準備は潤沢でなくてもいい。ならば、金を保有しなくても、金利の付く英ポンド預金が選好されることになる。国際金本位制とは、まさにこれである。英国の植民地だった南アフリカから産出された金が、ロンドン金市場に流入し、そこでの金価格が英ポンドの価値を安定させ、それによって、英ポンドの基軸通貨性が支えられた。

一方、世界の公的筋も民間も、ロンドンでポンド建て証券を発行して、ポンド資金を調達した。英国の投資家は、積極的に海外発行の証券に投資した。アメリカの鉄道証券やインドの鉄道証券、さらには日露戦争の戦費調達を目的とした日本国債もポンド建てで、ロンドンで発行された。このような海外投資からの収益

こそが，英国の経常収支黒字を支えたのである。

そして，この国際金融市場としての役割は大きな黒字をもたらした。上のような証券発行を仲介するときには，仲介する発行業者に，引受手数料（underwriting fee）が入る。貿易ならば，手形の引受手数料（acceptance fee）が入った。いずれにも関与した業者は，マーチャント・バンカー（merchant banker）である。ロスチャイルド商会やベアリング商会といった名だたる会社が並んでいた。要するに，海外投資でも貿易取引でも，その仲介機能を果たしたロンドンは，仲介手数料を稼いだのである。

それらは，19世紀における英国の国際収支上，サービス収支の黒字に貢献したが，サービス手数料としては，さらに，保険の役割も大きかった。ロイズ社をはじめとする保険会社は貿易向け保険の中心に座った。海上貿易の船舶が，圧倒的に英国船で占められていたことも忘れてはならない。

歴史家のマルチェロ・デ・チェッコの指摘では，1911年の時点で，各国港湾に入港する英国船の比率は，ニュージーランド96.8％，南アフリカ80.0％，インド76.0％，カナダ69.9％，アメリカ50.1％，ポルトガル47.6％，ベルギー44.1％，フランス36.1％，日本＆オランダ30.5％（双方とも）と続いた（チェッコ『国際金本位制と大英帝国』三嶺書房，2000年）。

つまり，貿易を担った船舶は，圧倒的に英国船であり，英国を含まない第3国取引でさえ，英国船でチャーターされ，そこでの取引リスク（転覆や座礁，あるいは盗難等々）が英国系保険でカバーされた。つまり，貿易に関わる船舶，保険，金融のすべてが英国系で賄われたのである。それが膨大な手数料収入となって，英国の経常収支黒字に貢献した。パックス・ブリタニカを支える

強靭なロンドンの機能，流通・運輸機能，さらには，そうした国際機能の収益をもたらす情報収集等々，英国のタフな国際競争力が窺える。

現代のアメリカでは，保険といえば，疾病リスクを担保する生命保険や損害保険，さらには債券の破綻リスクをケアする投資保険（2008年9月のリーマンショックでは，その直後，破綻を懸念されたAIGが公的管理下に置かれたが，それはAIGが発行していたCDSという破綻保険に支払が殺到し，市場崩壊が危ぶまれたからである）が有名だが，19世紀の英国では，海上輸送のリスクを保険でカバーするというのがポピュラーだった。その中心に世界の保険を仕切ったロイズがいた。

◎大英帝国の後退

巨大なロンドンの国際金融機能が，英国製造業の劣化を補ったことは間違いない。海外投資，貿易金融，保険といった諸機能によって，いわゆる「金利生活者」としての膨大な収入が大英帝国を支えた。とはいえ，そこにはディレンマもあった。それは，ロンドンの国際金融機能が，国内の産業をファイナンスするのではなく，海外取引をファイナンスする姿勢に傾斜しすぎたことによって，英国産業の劣化を促進したのではなかったのか，という考え方もできるからである。第2次大戦後に公刊されたマクミラン報告も，基本的には，そういう姿勢だった。

ロンドンの国際金融機能 vs. 英国産業という論点は，今風に言えば，金融立国か産業立国かという，アジアで起こった路線論争のようでもある。その後の歴史研究によって，帝国，もしくは植民地の存在がいかに大英帝国の支えとなっていたかという視点が

大きくクローズアップされるようになったのである。

産業面でも，アメリカやドイツの産業力台頭（made in Germany問題）に対して，英国は帝国内に撤退することで，その地位を保持した。競争相手に正面からは向き合わず，自治領や植民地での圧倒的シェアをバックに，その競争力を保持したということである。

英国は帝国へと資本も貿易も撤退させながら，その権益保持に努めたという構図が浮かび上がる。先のホブスボウムによれば，産業革命の立役者だった英国の綿織物は，低開発諸国でこそよく売れたが，アメリカやヨーロッパでは売れなくなっていた。英国製綿織物の販売先として，アメリカ＆ヨーロッパ向けは1820年には60.4％，1840年には29.5％だったが，1900年には7.1％にまで下落した。ところが，低開発諸国向けは，同じ時点で，31.8％，66.7％，86.4％と，逆に上昇したのである。

同様の傾向は，海外投資の国別内訳でも見られる。帝国とラテンアメリカの準自治領（アルゼンチン，チリ，ウルグァイを名誉自治領とホブスボウムは呼ぶ）向けが占めるシェアは，1860年代の46.5％，1900-13年の68％，1927-29年の81％という具合である。

栄華を極めた英国も，次第に，競争力を失い，帝国内に撤退することで，権益保持に躍起となっていったという構図が浮かび上がる。ホブスボウムは，2人の歴史家のコメントを引用する。

「第1次大戦前は，英国の国際収支パターンの鍵はインドにあった。なぜならば，インドは，英国の赤字全体の5分の2以上をファイナンスしたからである」（Barratt Brown, *After*

Imperialism, 1963)

「インドへの投資資金のみならず，全体の海外投資収益の大部分が，インドによって提供された。そして，そうした構図によって，19世紀最後の25年間，英国は国際収支の黒字を得ることができたのである。そういう意味で，実際，インドは，帝国という王冠の宝石だった」(S. B. Saul, *Studies in British Overseas Trade, 1870-1914*, 1960)

いずれも，インドが，大英帝国の国際収支構造を下支えした鍵だという点で一致する。インドは，英国製綿織物を受け入れた市場だったというだけではない。加えて，海外投資収益も，軍隊の費用を賄う本国費 (home charge) も，インドが支えたのである。

こうした一連の研究は，英国という資本主義のパイオニアの裏事情を教えてくれる。もしも植民地がなければ，英国経済は成立しなかったし，植民地ゆえに，帝国としての権益も存在感も支えられたのだとすれば，英国の帝国経営依存こそが，競争力低下の要因でもあり，帝国維持の鍵でもあったという，二律背反のディレンマを抱えていたことが想像できる。しかし，かつて栄光に輝いて見えた英国像に冷水を浴びせたのは，エリック・ウィリアムズの論説である。

◎奴隷貿易という棘

1492年に歴史の大きな転換点を見出せば，近代資本主義のパイオニアたる英国像も変わってくる。市場関連重視によって歴史を眺めると，ヨーロッパとアフリカ，それに南北アメリカを結ぶ

三角貿易が浮かび上がってくる。英国はアフリカに綿布を送り，それと交換に手に入れた奴隷労働をアメリカに送って，プランテーションに従事させ，綿花の栽培に当たらせた。

そこで作られた綿花はヨーロッパに運ばれ，綿工業の素材となった。マンチェスター―リヴァプール鉄道は，世界最古の蒸気機関車による鉄道として有名だが，それは綿花（リヴァプール→マンチェスター）と木綿（マンチェスター→リヴァプール）の輸送手段として英国産業の活況を支えた。

世界中に，綿織物に関する話題は多い。それが近代工業の先駆けとなったからである。アフリカやアメリカのみならず，アジアでもヨーロッパでも，綿織物は貴重な衣服だった。

黒人奴隷という非人間的な労働のシステムの下で，アメリカ南部を舞台にした悲しい物語が生まれた。綿を中心とした東西交易の拠点だったエジプトのアレクサンドリアで，土地の人々がよく口ずさむ，「エジプトに近いアレクサンドリア」という台詞ほど，そのコスモポリタンな風土を言い表す表現はない。綿取引が刻印した風土にまつわる逸話は，世界中，数多い（エリック・オルセナ『コットンをめぐる世界の旅』作品社，2012年）。

興味深い点は，それが英国の伝統産業（羊毛工業）ではなかったということである。否，英国では長い間，インド綿（キャラコ）の輸入が輸出を上回る状態が続いていた。英国では羊毛が伝統であり，羊毛の囲い込み（エンクロージャー）こそが，英国産業革命史を彩るストーリーである。一方，綿織物を生み出す内発的土壌には欠けていた。

では，なぜ，綿織物は工業化を一変するほどの大革命をもたらしたのか。それは，世界中に需要をもつ世界商品だったからであ

る。市場が世界に広がるということは，供給がどんなに増えても，それを欲する需要が拡大し，過剰生産にはならないということである。アメリカやアジアの気候は，綿織物を必要とした。それが安価で生産され，しかも肌に馴染む気持ちいいものならば，下着としても洋服としても，綿織物の需要が急速に広がったのは容易に理解できる。

　この世界市場連関の機縁を作ったものこそ1492年だった。世界市場を目当てにした世界商品ということになれば，これを制した者こそ，覇者となる。ポルトガルとスペインとの競争に始まり，17世紀オランダの覇権を経て，英国が産業革命を機に世界市場を制覇した19世紀のパックス・ブリタニカに至るまで，その道程は続いた。そして，20世紀半ばに覇権を握ったアメリカ（パックス・アメリカーナ）の時代が，21世紀に黄昏の色合いを強めながらも，今日，なお続いている。

　世界市場連関に着目して世界史を振り返れば，人類の負の遺産である奴隷貿易は重要な位置付けを与えられなければならない。かつて英国リヴァプールの博物館を訪ねたとき，「英国は原罪を犯した」という台詞を書いた巨大なレリーフに，奴隷貿易の版図が描かれていた。英国資本主義の成功物語は，アフリカから運ばれてきた奴隷労働によって支えられた，と言えるだろう。

　この拭い難い英国裏面史を真正面から断罪したのが，エリック・ウィリアムズである。ウィリアムズによれば，「不朽の労作」と称される『資本主義と奴隷制』（理論社，1978年，明石書店，2004年）で，英国産業の興隆を支えたのは，エンクロージャーや農工間分業によるのではなく，むしろ，英国－アフリカ－アメリカを結んだ三角貿易の基軸を作った奴隷貿易にあっ

た。トリニダード・トバゴの首相でもあったウィリアムズの，歴史家としての大胆な英国史論が投げた衝撃は計り知れない。

18世紀における奴隷貿易は，人類史に残る最大級の民族移動だった。それは，プランテーションにおける過酷な労働が招く高い奴隷死亡率と相関関係がある。死亡すれば，次の労働力補給のために，直ちに新たな奴隷が必要とされたからである。三角貿易のおかげで，18世紀のヨーロッパには，2つの港湾都市が抬頭した。英国のリヴァプールと，フランスのナントである。

リヴァプールに至っては，全船舶に対する奴隷貿易船の比率が，1709年にはわずか100分の1にすぎなかったが，1771年には3隻に1隻となった。かくて，一介の漁村だったリヴァプールは，一大商業都市に浮上し，人口は，1700年の5,000人から，1773年には34,000人に増大した（E. ウィリアムズ『コロンブスからカストロまで I』岩波現代選書，1978年，参照）。

ウィリアムズは，英国史の断面から，数々の実例を挙げながら論証する。リヴァプールには，「黒人通り」と名付けられた通りがあり，税関の建物には黒人の頭部の飾りがついていた。しかも，黒人奴隷は，白人奉公人とは異なり，何の自由もなく，生涯にわたり奴隷身分を脱することはできず，それは，そのまま子孫にも受け継がれるという過酷なものだった。

一方，西インド諸島に土地を所有し奴隷を酷使する地主は，そのプランテーションから転がり込む収益によって，栄光と富を手に入れた。そんな人間がイングランドには大勢いた。そして，リヴァプールやマンチェスターの多くの銀行は，その出自として三角貿易と関わる資本家が少なくなかった。元商人から銀行家への転身とはいえ，商人の内実と言えば，奴隷船船長や私掠船船長と

いった者が少なくなかった（前掲『資本主義と奴隷制』参照）。

英国といえば，産業革命にせよ，あるいはロンドンの国際金融機能にせよ，近代資本主義を主導した先進的イメージが強い。しかし，エリック・ウィリアムズが明かした奴隷貿易という裏面史は，英国の原罪という，文明に突き刺さる棘を暴露している。

「英帝国とは所詮『アフリカ人を礎石として，その上に樹立された新世界貿易と海軍力からなる壮大な建造物』にすぎない」（前掲『コロンブスからカストロまで Ⅰ』）

◎大英帝国の遺産

大英帝国もパックス・ブリタニカも，さらに基軸通貨英ポンドの栄光も，いずれも最盛期は19世紀であり，過去のことだという印象が強いかもしれない。たしかに為替相場で考えれば，かつて1960年代の固定相場の時代には，1ポンド＝1,008円だった英ポンドが，2012年12月時点で1ポンド＝130円台だと聞けば，その後退のほどがイメージされる。EUが結成されて以降は，ユーロに統合されて，英ポンドが消える可能性すら議論されたことを考えれば，英国後退というイメージが抱かれるのも無理はない。

しかし，英国も，ロンドンも，現在もなお侮りがたい存在感を維持し続けている。それは何故だろうか。まず，ロンドンは世界都市ランキングで，なおニューヨークと並ぶトップに位置する。それは，ただのイメージではない。国際金融センターや国際情報に通じた都市として，存在がなお大きいからである。しかし，誤解なきように言えば，ロンドンが存在感を維持するとはいえ，そ

れは 19 世紀の話ではない。

19 世紀と 21 世紀との決定的な相違は，ロンドンがかつての基軸通貨英ポンドを捨て，米ドルでの国際取引に乗り換えることで，その主導権を掌握し続けている点にある。戦後，一貫して，米ドルの貸借ビジネスの中心は，米ドル決済口座の集中するニューヨークよりも，むしろロンドンであり，代表的タックスヘイブンであるカリブ海ケイマン諸島は英国の海外領土であり，英国海峡に浮かぶジャージーは，英国王室の属領（crown dependency）である。つまり，世界の国際金融の一翼で，タックスヘイブンという税金回避ビジネスの中心は，英国との関わりが強いのである。

経済や金融の情報としては，英エコノミスト誌もフィナンシャル・タイムズも，世界の主導的なニュース媒体や論説媒体として，依然として高い評価を得る。世界の政治家や市場関係者，さらにはアカデミズムに至るまで，そういう紙誌に掲載される情報を読み，世界経済の動向を考える。

銀行では，HSBC が世界にネットワークを張る多国籍銀行として，シティグループや JP モルガン・チェースのニューヨーク勢ですら，一目置く存在である。というより，香港を中心とする東アジアの華人圏での存在感は，ナンバーワンだろう。

2011 年末の数字で，HSBC は，世界 80 カ国に 7,200 の拠点を有する。総資産額では，全業種の世界大企業ランキングで世界 5 位に位置し，雇用は 305,000 人に及ぶ（HSBC の HP，および *Fortune*, Jul. 23, 2012）。

世界の保険市場を主導してきたロイズも健在だし，文化と言えば，大英博物館はルーヴル美術館やメトロポリタン美術館に負け

ない。研究教育機関としての大学も，ケンブリッジやオックスフォード，さらにロンドン大学など，アメリカの有名大学と拮抗した存在感を保っている。

国際金融においては，ロンドンの地位はさらに高い。ユーロダラー取引（アメリカ以外で行われる米ドル建て取引）では，戦後，一貫してロンドンが最大だったし，その取引金利 LIBOR (London Interbank Offered Rate) は，世界の銀行間市場のパイロット・ランプ役を務める。ロンドンは，国際債券市場でも，ユーロ債の起債市場として有力な市場だし，1970年代はオイルマネーの預貸市場として，1980年代はジャパンマネーの活躍場として話題を集めた。外国為替取引では概ね最大取引高を有するように，世界の外国為替取引を主導する。

要するに，米ドルの銀行間貸借も，債券発行も，そして外国為替取引も，ニューヨークを凌ぐほどに，ロンドンの地位は高い。さらに，ロンドン金市場は，ニューヨークの COMEX と並び，金取引のセンターとして健在ぶりを示す。

とりわけ世界最大の取引を牽引するにもかかわらず，意外に，知られていないのが，タックスヘイブン（tax haven）と称されるオフショア市場である。これは大英帝国時代の名残であり，いまも，課税されない秘匿の取引地として，その国際金融取引における存在感と影響力はきわめて大きい。

タックスヘイブンという言葉は，最近でこそ日本企業の財務上の犯罪絡み（粉飾決算や脱税等）で，よく耳にするようになったものの，その実態は闇に隠されたままである。しかし，その中心が大英帝国による過去の国際金融パワーの遺産だと聞けば，俄然，関心も湧いてくるだろう。

一言で言えば，EUのメンバーとして大陸ヨーロッパと結び，民族的にはアングロサクソンとしてアメリカとの交誼に長けた大英帝国は，かならずしも19世紀の遺物なのではない。現在進行形の金融パワーと情報力を武器に，世界に占める英国の健在ぶりは依然として小さくないのである。

ジャージー，ガーンジー，マン島，ケイマン諸島，バミューダ，ヴァージン諸島等々，世界に広がる英国系オフショア金融ネットワークは，中世的な政治と未来的イメージのオフショア金融が一体化された「帝国の前哨基地の最後の生き残り」だとか，「現代版の植民地主義」だと言われる。それにロンドン・シティと，その影響力の強い香港を合計すれば，国際銀行資産の半分を占める。そこを通過することによって，マネーロンダリング（資金洗浄）が行われ，オフショア市場に資金が保全されることで，本国でならば徴税されたであろう税金が免除される。これこそが，オフショア市場の機能である。

たとえば，世界5位の金融センターであるケイマン諸島では，英国女王によって任命された総督が権力を握る。総督は，防衛，治安，国際関係に対処し，警視総監，会計検査院長，法務長官を任命する。しかも，ケイマン諸島の最終審裁判所は，ロンドンの枢密院で，英国秘密情報機関のM16が活発な活動を展開し，8万社の企業がこの地に登記し，世界のヘッジ・ファンドの4分の3以上，ニューヨークの4倍に相当する1.9兆ドルの預金残高が，ここに置かれている（ニコラス・シャクソン『タックスヘイブンの闇』朝日新聞出版，2012年）。

たとえば，2001年にスキャンダルで崩壊したエンロンは，破綻前に881社のオフショア子会社を有していたが，うち692社は

ケイマン諸島に，119社はタークス・カイコス諸島，43社はモーリシャス，8社はバミューダに置かれていた。また，2008年のアメリカ会計検査院の報告では，シティグループはタックスヘイブンに427の子会社を有し，91社はルクセンブルクに，90社はケイマン諸島に置いていた。FOXニュースを保有するニューズ・コーポレーションは，英領ヴァージン諸島に62社，ケイマン諸島に33社，そして香港に2社を置く（同上書，参照）。

こうしたオフショア市場を利用しているのは富裕層であり，多国籍企業であり，あるいは会計事務所等々，様々な階層や企業である。それがタックスヘイブンに置かれていなかったら税金を徴収されたはずだが，しかしながら，それは脱税ではない。なぜならば，移転価格（transfer price）と呼ばれる価格操作があるからである。つまり，一番税率の低いところ，あるいは税率がゼロのオフショア市場で利益が生まれたように算出すれば，利益にかかる税金はゼロになるというわけである。

一般の市場取引（arm's length tradeと言う）では，こういう価格操作は難しい。しかしながら，多国籍の企業内取引（intra-firm trade）で，自社の本店－海外店の取引，もしくは海外店相互の取引では，そういった操作は可能になる。それに，富裕層の資産でオフショア市場に脱出したものに課税されれば，本国の税収は上がったであろうことも間違いない。

シャクソンによれば，オフショアにある資産は，世界の全銀行資産の半分，対外投資の3分の1，富裕層個人がオフショアに保有する資産は，アメリカGDPの数字に相当する11.5兆ドルと推定され，世界の富の約4分の1に匹敵し，世界の貿易全体の半分以上が，書類上はタックスヘイブンを経由し，多国籍企業の海外

直接投資の3分の1がオフショア経由で送金されている，と。

植民地といえば，戦前の産物だという印象がある。しかしながら，オフショア市場という14の小さな諸島は，独立を求めず，エリザベス女王を国家元首とする英国の海外領土なのである。その半数は，英国の守秘法域で，英国の支援・管理を受け，シティと密接につながっている。しかも，通常タックスヘイブンには分類されないが，英国系オフショア・ネットワークの一番の外側には，香港，シンガポール，バハマ，ドバイ，アイルランド等，完全に独立してはいるが，シティと深く繋がる地域や国が入る。IMFは，2010年に，オフショア市場のバランスシートの合計額は18兆ドル（世界総生産の約3分の1に相当）だと読む（シャクソン，前掲書，参照）。

通常，ロンドンの国際金融市場としての戦後の役割といえば，ユーロダラー市場の中心として，ロンドンがそれまでの英ポンドから米ドルに取引通貨を変更した1950年代後半が画期となる。その後，戦後の長きにわたって，ロンドンは米ドル預金を受け入れ，それを貸し付けることで，米ドルの貸借市場としての活況を続けてきた。米ドルは，決済はニューヨークだが，貸借はロンドンだった。だからこそ，ロンドンの銀行間金利のLIBORは世界の主導的金利として，世界の金融市場をリードしてきたのである。

米ドルに乗り換え，世界の金融を牛耳り生き残ってきたロンドンの恐るべきパワー（ヘゲモニーと言ってもいい）は，その背後に膨大な旧植民地という，あるいは女王陛下を統括者とし，英国管理下にあるオフショア市場のメカニズムを抱えていることである。それが米ドル建て取引であれば，マネー取引の中枢はロンド

ン・シティにあり，また決済口座はニューヨークでなされる。「公式の帝国（大英帝国のこと・・・引用者）は完全に消滅したわけではなかった」というシャクソンの結論は的を射ている。まさに，「オフショアは，権力の世界が現在どのように動いているかを示す縮図」なのである。

英国系の旧植民地や，英国保有の海外領土や，あるいは独立してはいるものの，いまだにロンドンと深く結びつく金融ネットワークを維持することで，多国籍企業や多国籍銀行，さらには会計事務所や法律事務所や個人富裕層の，資金の国際移動や決済を掌握し，世界の情報を熟知することによって，英国は，世界の覇権を握る一翼に座る。大英帝国の遺産は今も機能するのである。

2008年，アメリカ会計検査院の報告では，米大手100社のなかで，83社がタックスヘイブンに子会社を持つ。タックスヘイブンを監視する市民団体によれば，ヨーロッパの大手100社のうち，99社がオフショアの子会社を使っている。そのなかで，最多の子会社ももつのは銀行だった（シャクソン，前掲書）。

オバマ米大統領は，大統領就任前から，熱心な規制強化論者で，「タックスヘイブン乱用防止法案」を準備したが，次第に，規制強化案が骨抜きになった経緯は有名である。議会や公聴会で，規制強化案が批判される根拠は，そういう規制強化を行ったら，取引が，アメリカからほかの金融市場に漏出してしまうという懸念だった。もちろん，アメリカの金融業界の声である。

1-2 の課題

1 | 英国や大英帝国というと，あなたが思い浮かべるイメージは何だろうか。毛織物，ロンドン塔，エリザベス1世，英国国教会，金融市場シティ，イン

グランド銀行，英ポンド，大英博物館，ピカデリー広場，ヒースロー空港，国際情報，エコノミスト誌，保険，HSBC 等々，様々な英国像を思い描いてみよう。

2 日本に残る英国の残像が思い浮かぶだろうか。横浜には，幕末の攘夷の志士が英国人を殺傷した事件で有名な生麦がある。現在の横浜開港資料館旧館は旧横浜英国総領事である。横浜港の歴史に思いを馳せつつ，海外貿易で栄えた時代を振り返ろう。

3 香港が英国の植民地だったことをご存知だろうか。アヘン戦争の衝撃が明治維新に波及し，それが日本の近代化の引き金となったことを考えれば，当時（19世紀半ば）の歴史的ダイナミズムは，その後の日中の歴史にどのようなインパクトを与えたのだろうか。香港の中国返還は 1997 年 7 月 1 日だった。

4 坂本龍馬や高杉晋作の英雄物語ではなく，スコットランドからやってきたトーマス・グラバー（スコットランドのサムライと称される）から見た幕末史は異なった光景を見せてくれる。三菱の創業者とされる岩崎弥太郎を育てたグラバーに視点を当てて，明治維新を再考してみるのも興味深い。パックス・ブリタニカと明治維新という斬新な視点が浮かび上がってくる。

5 日本企業の粉飾決算というと，よくタックスヘイブンが話題になる。1997 年の山一證券廃業でも，最近では 2011 年のオリンパス事件でも，不透明な会計処理をめぐって，タックスヘイブンへの「飛ばし」が遡上に上った。タックスヘイブンとは何かについて，資料や記事，あるいは小説がたくさんあるのを，ご存知だろうか。

第2章 / パックス・アメリカーナの世界

　戦後を睨んだブレトンウッズ協定（1944年）で地位を確立した米ドルは，基軸通貨としていまも君臨する。グローバリゼーションの勢いに乗じて，米ドルというマネーが，そしてアメリカ・モデルが世界を席巻した。一時は日本円やユーロが挑戦したが，冷戦後の世界においても，依然，米ドルは健在である。アメリカの覇権を支えるのは，文化力であるソフト・パワーと，軍事力というハード・パワーのなせる業にほかならない。パックス・アメリカーナという世界と，冷戦後におけるニューエコノミーに沸いた時代を，振り返ろう。

2-1/アメリカ・モデルとは何か

◎アメリカ・モデルの変遷

21世紀の今日，アメリカ・モデルと言えば，IT産業や金融業が競争力を有する社会だというイメージがある。アメリカを代表するIT企業と言えば，アップル，マイクロソフト，インテル，デル等々が思い浮かぶ。あるいは，金融業では，シティグループ，JPモルガン・チェース，バンク・オブ・アメリカの3つのマネーセンター・バンク（商業銀行），旧投資銀行（インベストメント・バンク）では，双璧がゴールドマン・サックス，モルガン・スタンレーで，2008年9月に崩壊したリーマン・ブラザーズも浮かぶ。

しかし，それらは，1990年代以降のニューエコノミーを席巻した面々であり，元々は，自動車産業を牽引したフォード社をはじめ，GMやクライスラーを合せたビッグ3がアメリカを代表した時代があった。さらに，エクソン・モービル（かつてのスタンダードオイル），シェブロンといった，エネルギー産業を代表する石油メジャーもいる。

大英帝国を牽引した鉄道と石炭との対比で言えば，自動車と石油が，アメリカ的産業の象徴である。アメリカのビッグ3が物語るように，大型自動車で大陸横断を疾走する醍醐味こそが，アメリカン・ウェイ（American way）だった。その燃料はガソリ

ンという石油だった。シカゴからロサンゼルスまでのハイウェイ「ルート66」は，ジャズ・スタンダードとしても親しまれている。途中に多くの売店やモーテル（motorists' hotel の略）があり，休憩をとりながら，自動車で長旅を走るというのが，アメリカ的風景である。バスのグレイハウンドも有名である。

　1920年代，アメリカは英国に代わって，世界の債権国として登場した。19世紀のアメリカはモンロー主義という外交不干渉主義で，ヨーロッパとは一線を画した姿勢をとり，英国からは巨大な資本をポンドで借り入れる立場にいた。アメリカの鉄道証券はロンドンで発行され，英国の投資家にとって格好の投資先だった（アメリカは英国に対する債務国だった）。当時の基軸通貨ポンド建て取引を行ったアメリカは，ロンドンにポンド預金を保有して，国際取引を決済した。

　ところが，自国が戦禍に晒されなかったアメリカは，第1次大戦後，戦費を英国に貸し付ける対英債権国として浮上した。アメリカという国の特徴は，1920年代で捉えるか，それとも1930年代かによって，その風貌を大きく変える。1920年代は，アメリカの生産力が大きく浮上し，債権国として，世界に，その存在感を見せつけた。T型フォードに代表される自動車は，アメリカの生産力の台頭を印象付けた。ベルトコンベアによるオートメーションの作業工程によって，生産性が著しく上がった。斬新なデザインも好評で，アメリカ社会の主要な交通手段だった鉄道や馬車から，自動車へという交通革命だった。

　さらに，当時のラジオは最先端の通信機器であり，今でいえば，インターネットに相当する文明の機器であり，大恐慌からの脱出を説くルーズベルトのメッセージも，ラジオで放送された。

業績好調な自動車株やラジオ株は，株式市場の好調さを主導する銘柄だった。

　消費の旺盛さも，アメリカの特徴だった。当時，カタログ商法という斬新な商法で売り上げを伸ばしたシアーズ・ローバックは，カタログ販売や割符販売（消費者信用）によって，遠方に在住する顧客にまで販路を広げた。これによって，店頭に足を運ぶことなく，消費の可能性を広げ，消費者信用は所得による制限を広げた。

　アメリカ人の強い消費趣向こそが，アメリカ人のアイデンティティだとまで言い切ったアメリカの社会学者もいたが，経済学者ガルブレイスは，アメリカ人の消費好きは，宣伝や広告産業によって人為的に作られたもの（依存効果）であり，けっして，自然に沸いたものではないと喝破した（『豊かな社会』）。

　2008年のリーマンショック時に，アメリカと言えば，まるで利益のためには何でもする強欲資本主義の権化であるかのようなイメージが広がっていったが，そうしたアメリカ・イメージは歴史的に古いわけではない。株価依存度の高い経済というのは，1990年代のニューエコノミー以降の価値観であって，かつては違ったという認識も根強い。労働と節欲（マックス・ヴェーバーの言うプロテスタンティズムの節欲の理念が資本主義を生んだという主張）の時代もあったというわけである。

　ところが，1929年の大恐慌をへて1930年代には，20年代の明るさは吹き飛び，国家や公共事業が全面的に登場する。現代資本主義というとき，1930年代にアメリカが採った一連の規制政策に着目することが少なくない。

　1929年の大恐慌は，株価の大暴落に始まった。株価は市場の

調子を表わす体温のようなもので,その乱高下ぶりは,市場社会の変調を示していた。多数の企業が倒産し,大勢の失業者が街中に溢れた。1920年代が過度に好景気の時代だったこともあり,1930年代は,その反動が襲った。預金の引き出しを求める人々が銀行に殺到し,多くの銀行が預金支払い停止(モラトリアム)に追い込まれた。需要をなくした商品価格は,販路を失い,暴落に暴落を重ねた。

ここで,登場してくるのが,需要を国家が作り出すというケインズの有効需要政策である。アメリカで有名な公共事業策は,TVA(テネシー川流域開発公社)である。国家による公共投資によって雇用を作り出し,所得が消費を生むという循環が期待された。

最初の公共投資という需要が,連鎖的に数倍の効果を生み出すというメカニズムを,乗数効果と呼んだ。同時に,投機的な市場

図2-1:アメリカの株価

出所)Charles P. Kindleberger, *The World in Depression: 1929-1939*, University of California Press, 1973.

にも規制を被せた。つまり、預金保険を作って預金の安全性を保護し、資本市場では過度の投機を制限し、情報の透明性を保つために、SEC（証券取引委員会）を作った。初代 SEC 委員長には、凶弾に倒れた大統領 J. F. ケネディの父親 J. P. ケネディが就いた。

この時代の金融行政として最も有名なのは、グラス＝スティーガル法だろう。銀行と証券の分離を画した同法は、その後、アメリカの金融行政の精神となった。戦後日本でも証券取引法 65 条として、同法の精神が受け継がれた。

元々、アメリカでは資本市場の社会的地位が高く、たとえば、JP モルガンは、商業銀行も証券業務も兼務していた。それが、同法によって、商業銀行のモルガン・ギャランティ・トラストと、投資銀行の JP モルガンが分離して、モルガン・スタンレーとして独立した。

そもそも決済の要であり安全性を保持しなければならない商業銀行業務と、資本市場におけるリスク・キャピタルの業務（ディーリングやブローカー業務）に携わる投資部門は、別々の性格のものである。決済という安全性を担保すべき業界と、激しい価格変動の伴う市場リスクに対応する業界が、一つになっていること自体が理に合わないという考えである。

したがって、銀行と資本市場は分離され、棲み分けるべきだという論理が生まれた。これが、1933 年に制定されたグラス＝スティーガル法（Glass-Steagall Act）の精神である。同法は、1999 年のグラム・リーチ・ブライリー法（Gramm-Leach-Bliley Act）制定によって廃案となるまで、20 世紀のアメリカの金融行政の精神を代表するものだった。

アメリカ的なるものとはいっても、時代とともに、その風貌

は変わる。規制強化が優先された1930年代のような時代もあれば，自由化（liberalization）や規制撤廃（deregulation）が優先される1990年代のような風潮もあった。そして，2008年リーマンショック以降は，なりふりかまわない国家の介入が目立った。リーマンが倒産した翌日に，AIG（American International Group）を公的管理下に置くという電光石火の処置には驚いた。

　危機にあって，迅速に動くアメリカは，それまでの自由化や規制撤廃を重視する金融行政の姿勢をかなぐり捨てざるをえなかった。CDS（credit default swap）を大量に販売していたAIGに，保険支払を請求する被保険者が殺到すれば，AIGは耐えられないと判断したからである。そうなれば，金融市場が空中分解してしまう。金融全盛時代の終焉を思わせるものだった。

　1990年代，アメリカ社会を覆った価値観は株主価値を最大化することであり，それを執行する資本市場賛辞が溢れた。買収相手先の資産を担保に，借り入れたローンや社債の負債で以て買収する方法LBO（leveraged buy-out）も盛況だった。資本市場で資本を調達する新規株式公開（IPO, initial public offering）もブームだった。負債で起業をし，もしも倒産すれば負債が残るが，IPOで資本調達をすれば，たとえ倒産したとしても，負債は残らず，起業家がリスクを負うことなはい。

　そこで，ベンチャー企業にとって，IPOは開業の資金調達の手段として人気があった。しかも，IPOで調達した資本は，自己資本比率を上げ，負債比率を引き下げたから，財務の健全性をアピールすることにもつながった。それが，新興企業（ベンチャー）向けの資本市場として，ナスダックのブームへとつながった。そうした新興資本市場を日本にも導入することによっ

て，日本経済の再生につなげようとする考えが盛んに論じられた。1996年の金融ビッグバン宣言に続き，東証にマザーズが，大証にナスダック・ジャパンが設立された。

会社役員報酬にストック・オプションも人気があった。特定の価格で自社株を購入できる権利であるストック・オプションは，自社株がそれ以上の価格を達成できればできるほどキャピタル・ゲインとなるわけだから，自社の株価を引き上げようとするインセンティブは大きくなるばかりだった。株価の上昇は，年金の掛け金を株式で運用している年金基金にも影響し，401Kで確定拠出年金を運用する者にとっては，年金財産を増やすことになった。

理念は時代とともに変わる。ストック・オプションが短期利益を優先するあまり，株主の長期利益に合致しなかったという批判がある。多くの人々は，LBO買収やストック・オプション狙いの短期的経営手法によって，解雇され，生活が破綻した。金融に過度に依存したアメリカは，常軌を逸した例外的時代だというわけである。

経営コンサルタントのアラン・ケネディは，アメリカの企業史を振り返る。ケネディは，20世紀末の金融全盛，株価優先というアメリカの価値観は，長い歴史的期間で眺めれば，例外だったと回顧する。たとえば，19世紀のプロクター&ギャンブル（現代のP&G）は，石鹸やろうそくの持つ社会的有用性（生活に有益な利便性）を最優先させて経営に当たった。ユニリーバは，バターやマーガリンで，労働者階級の生活向上に努めた。ジレットは，安全かみそりを製造することで，革で刃を研ぐ必要性をなくし，髭剃りの習慣は一変した。

シアーズ・ローバックは、農家へカタログを送ることによって、農業生活者の利便性を向上させるあらゆる商品の流通を担った。ダウ・ケミカルの創業者の言葉も興味深い。「人に使われて年に1万ドルもらうより、自分で3000ドル稼いだほうがいい」、と。

つまり、これらの事実が示すのは、かつてアメリカを代表する会社経営者は、「金持ちになることしか考えなかったわけではない」ということである（『株主資本主義の誤算』ダイヤモンド社、2002年）。

◎アメリカという覇権（hegemony）の後退

「アメリカ後」という言葉が流通するようになった。アメリカの覇権後退を予想する論説も多い。とりわけ2008年のリーマンショックを境に、アメリカの経済力の後退は否めず、さらにユーロ不安に象徴されるヨーロッパの不振もあって、西洋文明の終焉すら囁かれる。

覇権とは何だろうか。アメリカを考える場合、かつて1980年代には、債務国化による米ドルの没落やニューヨーク証券市場の暴落可能性が語られた。たしかに、1987年10月のブラック・マンデーはその予兆だと騒がれたが、90年代には復活したアメリカ経済があった。90年代は、さらなる経常収支赤字によって、アメリカの債務国化はさらに巨大になったにもかかわらず、である。

米ドルは、国際間の取引決済（公的取引＋民間取引）に使われる基軸通貨の地位をもつ。公的筋は、外貨準備として、介入通貨として、さらに公債発行の建値通貨として、米ドルを使う。民間

は，貿易やサービス取引の決済通貨として，あるいは証券発行やローンの際の建値通貨として米ドルを使う。それはたしかに，80年代も90年代も，さらに21世紀の現在も同じだが，それを見る眼差しは変わった。

1980年代から90年代には，日本円の挑戦が話題になったが，その後，その比重は大きく後退した。1999年に登場したユーロは，90年代には，旧東欧からの新規参入が話題になったが，2008年のリーマンショック後，金融不安に揺れ，今や，その解体可能性すら語られている。今の旬の話題といえば，成長著しい中国人民元である。中国人民元は，規制撤廃こそ進まないが，国際化への進展は着々と進む。東アジア圏では，通常の貿易取引で，そのシェアを増している。

2012年末にオバマが大統領に再選されるやいなや，アメリカは「財政の崖」が懸念された。2011年8月，米国債の格付けが史上初めて引き下げられ，連日，ニューヨーク証券市場の株価が大きく乱高下（連日400ドルを超す暴落と暴騰を繰り返した）したことが記憶に新しい。オバマと米議会の対立は深まり，財政問題の切り札はない。日本へは財政支援（「思いやり予算」）という，さらなる圧力が懸念される。

米財政赤字の主な要因は，テロ戦争遂行のための軍事費増にとどまらない。ブッシュがリーマンショックで退陣したが，それを引き継いだオバマは，財政資金の投入によって，危機に瀕する市場への対応を余儀なくされた。結果は，巨大な公的資金の投入だった。それは，中国や日本の米ドル買い支えという外貨準備増によって支えられた（それを日本側から見れば，外国為替会計という特別会計であり，日銀による円売り＆米ドル買い介入）。

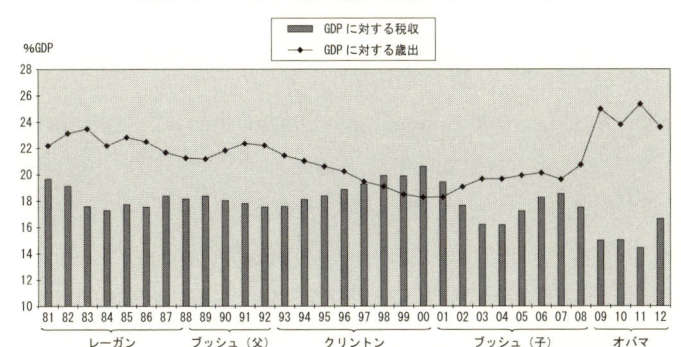

図 2-2：アメリカ政府の歳入と歳出（対 GDP 比）

注）2011年と2012年は予測。
出所）Federal Deficit & a Balanced Budget Amendment: Facts & Statistics. (http://balancedbudgetvote.com/facts-statistics-federal-deficit-balanced-budget-amendment.

レーガン政権は富裕層減税を売りに登場し，クリントン政権は，ニューエコノミーという好景気が財政を後押しした結果，一時的に財政は黒字になった（歳入が歳出を上回った）。ところが，ITバブルが弾けたブッシュ政権下では，歳入低迷とは対照的に，イラク戦費が急増し，歳出は上昇した。このブッシュ共和党政権を批判して登場したオバマ民主党政権だったが，結局は，不景気への公的介入は伸び続け，この30年間で最大の歳出を記録した。一方，サブプライム・ローンによる住宅バブルは破綻し，未曾有の不況下にあって，歳入は急減した。

2012年2月時点でアメリカの公的債務残高は15.356兆ドルに上り，そのうち，10.6兆ドルが公募債（public debt），4.8兆ドルが政府間保有分（intra-governmental holdings）である。公募債残高の所有者別内訳では，中国8％，日本8％弱，英国4％，産油諸国（サウジ，ベネズエラ，リビア，イラク，イラク等）

2%という具合である。政府所有分（外貨準備）だけだと中国がはるかに大きいが，日本保有分は，金融機関，事業法人，個人投資家を含む分，総額では中国と並ぶ（データは，前掲 Federal Deficit & a Balanced Budget Amendment: Facts & Statistics）。

「双子の赤字（経常収支赤字＆財政赤字）」として，1980年代に盛んに議論されたが，緊急性でも金額でも，現在の方がはるかに大きな問題である。しかし，どうしたわけか，アメリカの「双子の赤字」自体が話題になる頻度は減った。米国債の格下げ（S&P が米国債を，AAA から AA+ に引き下げた）や，巨大な財政赤字の垂れ流しが共和党主導（それを支える保守派の面々）の米議会から「NO！」を宣告され，市場が大騒動に至った2011年8月の顛末はいつ繰り返しても不思議ではない。当月の1週間は連日400ドル（ダウ）以上の乱高下を繰り返すという異常事態が続いた。

一方，2011年の3.11からの復興への歳出が増え，歳入に苦しむ日本の財政が資金調達源として論議するのは，消費税増税ばかりで，巨大に保有している米国債を売るという選択肢は，話題にも上らなかった。これはアメリカの顔色を窺い，政権維持が危うくなることを恐れるためだろうか。それに追随する大手メディアや学界を含め，日本という国は，不思議な国である。溜め込んだ貯蓄を使わず，増税という選択肢しか脳裏に浮かばない。「米国債を売るということは円高を進め，ますます日本の輸出業者を苦しめることになり，そんな政策は許されない」。これが大手メディアから聞こえる識者の，もっともらしい言い分である。

アメリカの最大のパワーは，ソフト・パワーと呼ばれる，大勢の親米派を育てるアメリカ文化や芸術や娯楽や食生活（ハリウッ

ド映画や野球のメジャーリーグやファストフードなど)，言語（英語）
や学術，情報通信といった役割が大きい。

　ハリウッド映画を見て，学校では英語を勉強し，ビジネスでは
英会話の必要性が高まり，ときにはニューヨーク・タイムズの記
事や，大リーグでの日本人選手の活躍をフォローするメディアに
接し，アメリカン・ポップスを聴きながら，ファストフード店で
ハンバーガーを頬張るといった生活を続けていれば，意識せずし
て，アメリカ贔屓の価値観を抱くだろう。

　映画の製作本数では，インド映画が多いと聞くが，テレビの
チャンネルを回せば，いつもハリウッド映画が放映される。
ニュースでも，米大統領選についての速報が連日報道される。

　学生でも，留学先といえば，アメリカがトップで，世界の大
学ランキング上位は，英国を除けば，アメリカの大学が上位に
並ぶ。ハーバード，コロンビア，プリンストン，イェール，
MIT，シカゴ，ミシガン，スタンダード，カリフォルニア等々，
思いつくだけでも，アメリカの有名大学の上位席巻ぶりは凄まじ
い。そこでは，知の競争が演じられ，研究に鎬が削られる。

　世界の情報分析でも，ブルッキング，国際経済研究所，フー
バー研究所，国際戦略研究所等々，世界に情報を発信する著名な
研究シンクタンクは数多い。日本のシンクタンクは一部の官庁や
大学付属の研究所を除けば，専ら，企業付属であり，景気診断や
個別企業分析が主要な仕事である。アメリカの国家戦略研究の後
塵を拝するのは当然だろう。

　著者は，民主党政権発足時の 2009 年秋に誕生した国家戦略室
に対して，「戦時を思い出す」という一般人の投書を掲載し，戦
略研究の意義を叩き潰した大手メディアの愚行を思い出す。戦略

と言うと，戦争だと言うならば，経営戦略も企業戦略も危ういものだろう。何という根拠を欠く感情論だろうか。戦争を精神面で支えたのが大手メディアだったという，半世紀以上も前の事情を思い浮かべたのは著者だけではあるまい。

ともあれ，言語，思考様式，文化，娯楽，食習慣，芸術，学術，新聞，メディア，通信等々，アメリカ製の諸々の情報文化ネットワークの巨大な網（総じてソフト・パワー）に影響を受けない生活は成立しない。

高校生ですら，魅力のない日本のプロ野球を見限って，大リーグ行きを宣言する時代である。アメリカ文化のもつソフト・パワーの威力を改めて思い知らされる。

2-1 の課題

1 | アメリカが，日本で好感をもたれがちなのは何故か，考えてみよう。映画，芸術，音楽，ニュース，野球，バスケット・ボール，新聞，雑誌等々，日本人の生活の周辺に溢れるアメリカ的文化や情報をチェックしてみよう。それで，あなたもアメリカ通になれるかもしれない。

2 | アメリカを代表する企業というと，何が思い浮かぶだろうか。街角に増えた Citibank の ATM，日常の買い物で使う AMEX や VISA といったカード・ビジネス，西友を経営・所有する世界最大の流通 Giant ウォルマート，シェラトンやウェスティンやリッツ・カールトンといった高級ホテル，GM やフォードといったアメリカ製自動車，家族連れや恋人と楽しむディズニーランド，日本語版もあるニューズ・ウィーク，ニューヨーク・ヤンキース，シアトル・マリナーズ，ボストン・レッドソックスといった大リーグ等々，すぐに思いつくだけでも，日本の日常生活に浸透するアメリカは数多い。

2-2/ 冷戦後世界&ニューエコノミー

◎レーガノミクス

　1980年代から90年代にかけてのアメリカ経済の急展開ほど不思議なものはない。1980年代，それは，パリから凱旋帰国したホメイニ師率いるシーア派のイラン革命の成功で始まった（1979年1月）。その後，1979年11月，イランのアメリカ大使館人質事件が勃発したが，カーター米大統領は奪回作戦に失敗した（1980年4月）。併せて，中東危機を引き金に，世界を第2次オイルショックが襲った。

　アメリカの権威は失墜し，カーター政権への非難が沸騰した。そうした政治的後退を反映するかのように，金利は未曽有の水準に張り付いたが，にもかかわらず失業率が高いスタグフレーション（インフレーション＋スタグネーション）という様相を呈した。インフレと不況の同時併存である。政治的にも経済的にも，アメリカの黄昏という印象が刻印された。

　そこに登場したのが，レーガン共和党政権（1981年〜1988年）だった。レーガンはハリウッド俳優という元の職業柄，演技力がうまく，アメリカの威信回復という期待を背負って登場した。レーガンの経済学はレーガノミックスと称され，減税によって財政収入が上向くという不思議な論理だった。つまり，減税をすれば，その分，勤労意欲が沸き，生産性向上によって所得が増

えるから、結局は景気回復が税収増大を引き起こす（財政赤字削減）のだと説いた。

さらに、減税による生産性向上は、国際競争力の回復を通じて、アメリカの経常収支赤字を削減させるという効果も生む。要するに、減税が、財政赤字と経常赤字という「双子の赤字」(twin deficits) をともに減らす作用を果たす、一石二鳥だというわけである。

しかし、このレーガンの論理は、うまく作用しないことが分かった1980年代後半には、「呪術の経済学」(voodoo economics) と揶揄されるようになった。実際は、どうなったのかと言えば、財政収支も経常収支もともに赤字幅を拡大させ、「双子の赤字」は桁違いに大きくなった。その結果、アメリカは1980年代央に、世界最大の債務国に転落した。

減税は、一方で財政収入削減によって財政赤字を大きくし、他方で消費増がもたらした輸入増によって、貿易収支赤字が経常収支赤字を拡大させたというわけである。しかも、減税と言っても、すべてのアメリカ人が等しく恩恵に与れたわけではない。概して、最高税率の大幅引き下げによって富裕層の減税幅は大きかったが、一般国民はそうでもなかったからである。

◎冷戦後という時代

冷戦後、レーガンは「双子の赤字」を作った大統領という酷評から、冷戦を終焉へと導いた立役者として、その評価が変わった。とりわけ、地中海マルタ島でのブッシュ（シニア）米大統領と旧ソ連のゴルバチョフ大統領との会談は、歴史的合意を促した話し合いとして記憶に残る。1989年12月の、この会談で冷戦終

了が宣せられた。世界は，冷戦突入の歴史的会談だったヤルタから，脱冷戦を宣言したマルタへという表現がよく見られるようになり，それとともにレーガン評は上がった。

　そして，不思議なことに，それから一転して，1990年代に入ると，アメリカ経済の好転によって，1980年代に支配的だったアメリカの国際競争力後退や，債務国転落が忘れられ，専ら，IT革命とナスダック革命という2大革新によって，アメリカ経済の華々しい再生ぶりが論じられ始めた。総じて，アメリカはIT革命によって，景気循環というかつての景気－不景気の循環を止揚し，不景気知らずの恒常的景気状態を達成できるようになったという楽観論が覆った。

　たしかに，ITの登場が生産性を向上させ，アメリカの国際競争力上昇に貢献したという論理は分かり易い。元々，軍事技術だったインターネットが民間に汎用されて，一般的なコンピュータ製品として市場に登場したことで，生産性が一挙に上昇したという論理も分かり易かった。にもかかわらず，実際には，アメリカの経常収支の赤字はさらに膨らみ，したがって，国際競争力も低下し，その結果，債務国化はさらに進んだにもかかわらず，その維持可能性が危うくなるという危機感は薄らいだ。

　その根拠は，米ドルの国際通貨としての役割だった。どんなに債務が巨大になっても，当該債務は非居住者が米ドルを保有することによって，ファイナンスされる。在米の銀行組織の預金やあるいは発行債券保有に占める，非居住者分が増大するだけである。この一種の自動的ファイナンスこそが，アメリカの債務性を軽くする。このファイナンスが順調に回る限りにおいて，アジア通貨危機が見せたような，債務返済が強いる資金繰りの逼迫は見

られない。だからこそ，どんなに債務の sustainability の継続疑問が語られようと，アメリカは問題視せずとも，済まされたのである。

軍需から民需へという「平和の配当」が叫ばれ，このアメリカ・モデルのグローバルな普及も前向きに楽観的に語られた。この時代の論調を代表する見解に，トーマス・フリードマン（ニューヨーク・タイムズのコラムニスト）の楽観的グローバリゼーションがある。フリードマンは，「黄金のアーチ理論」という大袈裟な表現を用い，マグドナルド（ロゴがアーチ型）が世界の平和を推し進める象徴だという言い方で，ファストフードに世界平和のミッションを込めた。

世界は，戦争するよりも，マグドナルドの店頭に行列を作る方を選好する，と。さらに，人々は世界中のどこに行っても，容易に PC のキーを叩きさえすれば，いつでもどこでもインターネットを通じて情報にアクセスでき，世界中の人々は IT 技術の普及を享受できるような時代に入った，と（『レクサスとオリーブの木（上）（下）』草思社，2000 年）。

この楽観的グローバリゼーションに対する対極に，サミュエル・ハンチントン（ハーバード大学）の悲観論がある。それは，世界は，イデオロギー対立の冷戦時代から，民族や宗教が新たな断層線を形成する脱冷戦の時代に入ったという論理だった。1993年に外交評論誌のフォーリン・アフェアーズ（*Foreign Affairs*）に登場したときは付されていた「？」は，『文明の衝突』（集英社，1998 年）として公刊されたときは外されていた。

ハンチントン説の特徴は，世界を 8 つの文明圏（西洋文明，中華文明，イスラム文明，日本文明，ヒンドゥー文明，ラテンアメ

リカ文明，アフリカ文明，東方正教会文明）に分け，脱冷戦の世界地図を，西洋（the West）対イスラム圏との断層線が，次いで，西洋対中華圏との断層線が，かつての冷戦時の東西対決に代わって表れたとするものだった。

　日本は，単一文明圏だと性格づけられたということで，喜ぶ日本人が何と多かったことか。それに対して，チャルマーズ・ジョンソンは，東南アジア文明という規定の欠如に表れる，アジアへの無知，日中を分断したいワシントンの政治的思惑の反映，なぜ朝鮮半島が中華文明で，日本はどう違うのかについて説明がない等々，批判した。

　エマニュエル・トッドは，西洋と言っても，自然支配欲の強いアメリカと，自然調和を優先させるヨーロッパは，元々，考えは異なり，日本とヨーロッパの方が，自然と社会との関係では，よほど近いと反論し，「文明の接近」という認識を対置した。

　だが，9.11に代表されるテロの時代の政治的関係を性格づけるという点で，ハンチントン説が，冷戦後における国際政治の説明原理として，一定の支持を得たことは認めなければなるまい。

　ただ，歴史を振り返れば，ヨーロッパにはいつもイスラムとの対峙や対決という長い闘争の歴史があり，それは，冷戦後といった短いタイム・スパンではなく，もっと歴史的に長期にわたる関係だった。ハンチントンに言われるまでもなく，ヨーロッパはイスラムとの対立や抗争を，そもそも胎内に育みつつ，文明を育んできたのである。1492年，グラナダを攻めてレコンキスタを成し遂げた女王イサベルがローマ教皇に送ったつぎの手紙を見られたい。

「聖なるカトリックの信仰がさらに広がることと，キリスト教圏がこの地に盤踞する異教徒の脅威から逃れることを，グラナダ王国の異教徒がスペインから完全に放逐されるまでは，一意専心願うものであります」（フェリペ・フェルナンデス＝アルメスト『1492 コロンブス』青土社，2010 年）

現在の，西洋対イスラムに断層線を見出すという「文明の衝突」史観のロジックに似た台詞ではないだろうか。しかし，これは，あくまで建前であり，本音は物質的利益だった。グラナダには，絹，皮革，武具，陶磁器，宝石，果実，ナッツ，アーモンド，オリーブ等々といった産物が豊富で，ヨーロッパにはそうした産物への需要が掻き立てられていたのである。

さらに，15 世紀半ば，1,000 年以上の歴史をもつビザンティン帝国の都コンスタンティノープル陥落によるオスマン帝国への恐怖が，女王イサベルをグラナダ侵攻に駆り立てた理由だった（同上書，参照）。

ヨーロッパをヨーロッパたらしめているキリスト教にせよ，あるいはローマにせよ，さらにはビザンティンにせよ，ヨーロッパとイスラムとの抗争は歴史的に古くて新しい。ルネサンス期におけるヴェネツィアにせよジェノヴァにせよ，この 2 つの文明の対立する力学のなかで，文明と繁栄を育んだのである。

そういうヨーロッパから見た，一種の長年沁み込んだ皮膚感覚を表明したものがハンチントン説だったと言えないだろうか。そう考えれば，それは脱冷戦期の史論というよりも，むしろ，ヨーロッパの歴史そのものが抱える主要な旋律だったに違いない。ちょうど，日本がどんなに「アジアであってアジアでない」と

言ってみたところで，中国や韓国とは切っても切れない文明的関係を歴史的にもつという事実を否定できないことと似る。

　むしろ，ハンチントン説の興味深い点は，著書『分断されるアメリカ』（集英社，2004年）で，アメリカへの英語を話さない民族の流入の増加（移民大国アメリカ）によって，アメリカ人のアイデンティティが不透明になりつつある状況への憂いを語ったことである。「文明の衝突」では，あれほど強い，アメリカとヨーロッパが共有する西洋概念が語られながら，ここでは，西洋概念への自信喪失が露わになっている。英語を話さないアメリカ人（その多くがヒスパニック系やアジア系）の急増に，アメリカというアイデンティティは不安になるようだ。

◎ニューエコノミーの裏側

　ニューエコノミーといえば，ITとナスダックが，すぐに思い浮かぶ。いずれも，ITによる生産性向上への貢献，およびベンチャーに対する資金調達市場としてのナスダックが称賛された。リスク・キャピタルを扱う市場である資本市場（直接金融）が，そうしたベンチャーのようなハイ・リスクの資本取引をファイナンスする場としては，間接金融よりもはるかに好都合だというのがその理屈だった。それを梃子に，アメリカ経済は再生したのだという論理が展開された。

　実際，ドットコム革命と称されたように，多くのベンチャー・ビジネスが輩出され，その多くがナスダックでIPO（新規株式公開）を行った。それで調達された株式は，有望な投資先となって，投資家の資金運用を呑み込んだ。日本のように，郵便貯金や銀行預金が資金運用の中心の金融システムでは，リスク・キャピ

タルに対応できず，したがって，ベンチャー企業が輩出されない，というシナリオが席巻した。

しかし，これまでのところ，資本市場がそれほどまでに有効に機能するものなのかどうかは，結論が出ていない。たしかに，1990年代にはそうした現象が語られたが，21世紀に入り，バブルが弾けてみれば，ドットコム革命の怪しさも語られ，2000年をピークに，ナスダック指数も下落に転じた。

さらに，もう一つの債券市場も，リーマンショックで，危うさを暴露した。かつて不良債権を処理するメカニズムとして証券化 (securitization) が話題を投げながらも，過度な行き過ぎは，金融破綻を招いた。所詮は，債券も負債であり，発行者の支払い返済が困難になれば，債券も破綻する。その点はローンと同様であり，高リスクという点では株式に似る。

しかも，投資銀行はアメリカ・モデルの典型で，リスク・キャピタルに対応できる金融機関だったはずだが，危機に陥って，その脆弱性が露わになり，大手の専門投資銀行は消失してしまった。リーマン・ブラザーズは倒産に追い込まれ，ゴールドマン・サックスやモルガン・スタンレーは商業銀行を兼営できる金融機関として生き残った。

商業銀行はリスクに対応できないと言われたのではなかったのかと，野次りたいところだ。しかし，投資銀行は，危機になると，途端に債券も株式も売却されて，資金が払底するが，商業銀行は決済用預金を抱えるために，決済を必要とする預金者にとっては，預金はすぐには解約されないというメリットがある。

こうして見れば，かならずしも資本市場は絶対的な存在ではなく，1990年代，投資銀行は商業銀行よりも勝っていると言われ

たが，その信憑性は消えてしまった。債券も，負債という点では，ローンと同じであり，リスクを抱えるという点では株式と同じである。要するに，メッキが剥げてみれば，ニューエコノミーを支えた主役たちは，過大な評価を受けていたにすぎないことが分かる。

さらに，BISから課された自己資本比率という資本規制も，商業銀行には課されるが，投資銀行にはその義務はなく，どんなに負債を多くして，高リスクな商品で運用しようと，BISの規制対象にはならなかった。それは，むしろレヴァレッジ効果と呼んで前向きにリスクに対処できるとして珍重された。換言すれば，商業銀行ならば，自己資本規制の対象となって，抑制されるべきビジネスが，投資銀行では推奨されたのである。

日本の商業銀行がローンを抑制し，自己資本充実に努めなければならなかった事実とは対照的に，アメリカの投資銀行はどんどん債券発行やローンで負債を膨張させ，それを高リスクで高収益の金融商品で運用していったのである。その結果が，リーマンショックだった。崩壊し，信用を失墜したのはアメリカ・モデルそのものだった。

もう一つのアメリカ・モデルの失墜は，雇用だった。ITが生産性を引き上げたことは事実だとしても，その雇用には多くの疑問が投げられた。かつてのGM，GE，フォードといった大企業は数十万人という雇用を生んだが，ITはそうではなかった。たしかに，ITは，生産性向上を促し，株価では素晴らしい業績を上げたが，雇用ではさっぱりだった。

IT企業では，能力のある少数のスペシャリストを雇用すれば，単純労働は雇用を抑え気味でも経営できる。あるいは，単純作業

分野は，アジアへ回すか，他の関係会社にオフショア生産を委託すれば済む。しかも，そうすれば，雇用が削減される分，収益が上がり，株価も上がる。株価が上がれば，ストック・オプションをもつ経営者にはボーナスが転がり込む。

たしかに，クリントン政権がワシントンを去るときに自画自賛したように，失業率は減った。しかし，それは，IT が雇用を創出できなかった分，ファストフードや流通企業が大量に引き受けたからである。マグドナルド，ケンタッキー・フライド・チキン，ウォルマートといった大企業は，大量に低賃金の雇用を生み出した。

一見，ファストフードと言えば，爽やかな若者向けイメージがあるが，それは表向きである。屠場での解体現場，処理後の清掃現場といった食肉を調達する場面は，IT 産業とは裏腹に，ナイフの切れ味が一番の生産性を上げる武器だというくらいに，過酷な肉体労働が待っている。そこでの労働は，傷害事故の危険性を伴う低賃金での重労働であり，そうした現場を渡り歩く不法移民の受け皿ですらある（『ファストフードが世界を食いつくす』草思社，2001 年）。

この産業は，膨大な低賃金労働を作り出した。だからこそ，アメリカの失業率は低く抑えられたのである。しかし，他方，そういった低賃金労働の創出は，就労してはいるものの，貧困を余儀なくされるワーキング・プア問題を生み出した。失業者ではないものの，貧困だという家庭が増大したのは，そういう背景による。かくて，失業との関係で論じられていた貧困問題が，それとは別問題として論じられるようになったのである。

IT が人間に代わった結果，生産性は上がったが，その分，仕

事は減ったのである。特定の技能のあるスペシャリストならば,仕事は豊富かもしれないが,そうではない普通の人々にとっては,労働ダンピングのような低賃金労働が待つのである。この格差問題こそが,「Occupy Wall Street」「われわれは99％だ！」と叫ぶ,アメリカの市民運動を引き起こした背景である。

一言で要約すれば,ニューエコノミーの主役だったIT企業は株価こそ高いものの,雇用は少ない。雇用はローテクの小売チェーンやファストフードが支えたが,そこには,技能は不要で低賃金で働く従業員が多い。

1995年の雇用数を記した表2-1を見れば,いかに,IT企業の

表2-1：IT企業と小売・ファストフードの雇用数（1995年）

インテル	32,600	マイクロソフト	15,500
ノベル	6,165	シスコシステムズ	2,262
オラクル	19,000	ベイ・ネットワークス	3,840
サン	13,300	サイベース	4,016
アムジェン	2,200	ピープルソフト	651
シーラス・ロジック	1,809	インフォミックス	2,212
インテュイット	1,228	アメリカ・オンライン	527
ＭＢＣソフト	987	オートデスク	1,788
ピクチャーテル	1,000	コーディス	3,370
アップル	14,400	アドビシステムズ	1,565

合計：128,420（ゼネラル・モーターズ：721,000）

資料：アラン・W・スピアマン（1996年2月15日の私信による）

ホーム・デポ	62,000
ウォルマート	434,000
Kマート	358,000
シアーズ	403,000
マクドナルド	177,000

資料：スピアマン

出所）エドワード・ルトワク『ターボ資本主義』TBSブリタニカ,1999年。

雇用が少なく，一方，小売やファストフードが多くの雇用を抱えていたか，一目瞭然である。こうしたアメリカのニューエコノミーの性格を，ワシントンの戦略国際問題研究センターのエドワード・ルトワクは，社会が勝者と敗者に二分される「ターボ資本主義」と呼び，その要因として，1970年代末以降に進んだ規制撤廃と民営化を挙げた（『ターボ資本主義』TBSブリタニカ，1999年）。

　かつて華々しく喧伝されたアメリカ・モデルも，メッキが剥げてしまった感は否めない。アメリカ・モデルと言えば，その中枢に市場メカニズムが座る。規制撤廃は行政介入よりも効率的で，民営化は国営や公営よりも機能的だというイメージが喧伝されたことは，日本でも21世紀初頭に政権を掌握した小泉・竹中政権の常套文句だった。「民間にできるものは民間に任せよう」という台詞がそうだった。郵政民営化も，そういう認識の線上に語られた。しかし，なぜ民営は国営よりも，それほどいいのだろうか。そもそも，アメリカで，国営の郵便事業を民営化せよという語りそのものを聞いたことはない。

　民営化の中枢には，市場メカニズムこそが社会をうまく牽引する切り札であり，行政介入の増大は，市場メカニズムの機能を阻害し，したがって，市場機能を蘇生させるには，民営化や規制撤廃こそが適切な政策だという言い回しが席巻した。ケインズ政策は，需要を外的に創造することによって，市場機能を救援した解釈は否定され，逆に，過剰な介入が市場の正常な機能を阻害したという解釈が現れた。

　しかし，現実的には，市場メカニズムの席巻の背後に何があるかを知ることは少ない。市場メカニズムとか市場機能と言えば，

何となく，正当なイメージが振り撒かれる。かつて言われた「市場の失敗」「市場の暴力」という語彙を聞くことは少なくなり，「市場の効率性」が圧倒的に正当性を備えたイメージとして，喧伝されたことは記憶に残る。

ここで，アメリカの政権中枢で論客として活躍してきたスティグリッツの市場批判を聞こう。スティグリッツは，批判の矛先を，レント・シーキングに向ける。これは，公的筋との関係を使って市場から人為的に獲得する利得行為を指す。あえて訳せば，たかりである。大企業は，議会へのロビー活動や独占等によって，減税，補助金等，超過利潤を貪る。市場での競争条件は，外部圧力により対等でも健全でもない。民営化や自由化，あるいは市場競争という美名の下，隠されたモラル・ハザード（倫理破綻）の横行こそが健全な民主主義を死に追いやる元凶だ，と。

健康保険未加入が5,000万人に及ぶアメリカでは，家族の疾病が，個人破産理由の第1位で，労働者は，失業の長期化と高失業率のために疲弊し，貧困層の犯罪率は高い。総じて，その貧困の実態は途上諸国並みという場合が少なくない。

一方，わずか人口1％の最上層の稼ぎ方は巧妙だ。一例として，PCのOS市場でのマイクロソフト社独占がある。かつてインターネット・エクスプローラーはネットスケープとの競争で後塵を拝していた。しかし，マイクロソフト社がウィンドウズ搭載のPCにネットスケープ製品をインストールすれば，エラーメッセージが表示されるというプログラムを組み，ネットスケープは駆逐され，独占に成功した。

4大銀行の資産は約半分のシェアを有し，その支配するCDS

(クレジット・デフォルト・スワップ）市場では，暗黙の共謀作成の懸念があり，貸付金利の基準をなすLIBOR（ロンドン銀行間取引金利）もその合意で設定される。しかも，税制も随意契約も破綻時の公的救済でも，かれらは優位の地位を得た（たとえば，デリバティブ債権の回収順位が労働債権よりも優先するという不条理）。政府が大手銀行を詐欺罪（顧客を騙す証券の組成）で訴えても，罰金支払いを繰り返せば，財政に余裕のない政府側が根負けする等々。

かくて，自由であるはずの市場は，強者に都合のいいゲームのルールによって人為的に歪められ，弱者は厳しい生存競争に追い込まれる。技術革新は労働節約を促進し，グローバル化は代替労働を世界中に見出す。結局，スティグリッツは，アジア通貨危機でもリーマンショックでも，市場の危機から暴利を得た一例がゴールドマン・サックスだったとし，そういう歪んだ社会がもたらす民主主義の危機に警鐘を鳴らす。

「勝者がすべて」という市場主義に依拠する弱肉強食的姿勢に，敢然と異を唱えるスティグリッツの論説に勇気づけられるのは評者だけではあるまい。長年追い続けてきたアメリカ・モデルの破綻した証であるリーマンショックに対応できず，親米か反米かといった旧態依然のレッテル貼りだけが空しく残る日本でこそ，スティグリッツの義憤は広く読まれるべきだろう（ジョセフ・スティグリッツ『世界の99％を貧困にする経済』徳間書店，2012年，参照）。

◎軍事力というハード・パワー

アメリカのパワーというとき，ソフト・パワーとともに，軍事

力というハード・パワーも，依然，アメリカの覇権を支える柱である。いまや，アメリカの軍事費は世界の過半を超え，アメリカの連邦財政赤字の主な要因である。

アメリカは脱冷戦下でも，湾岸戦争（1990年8月のイラクによるクェート侵攻に対して，1991年1月に米軍は爆撃で応じた），アフガニスタン戦争（2001年～）やイラク戦争（2003年～2011年）で，巨大な戦費を投入した。しかし，結局は，勝てなかった。その結果，財政黒字を達成したのは，クリントン政権だけで，ブッシュ政権（ジュニア）時の財政赤字は増大に転じ，第1期のオバマ政権はさらに財政赤字が進んだ。これだけ戦争が続けば，軍事費が嵩み，財政赤字が膨張するのももっともだろう。

パトリオット・ミサイルからステルス戦闘機に至るまで，最新技術満載の近代兵器を揃えながら，第2次大戦以降の数々の戦争当事者だったアメリカは，ベトナム戦争，湾岸戦争，アフガン戦争，イラク戦争と続く一連の戦争で，まったく勝てなかった。

ピンポイントで，狙った対象物を正確に撃ち落せる軍事技術（軍事施設のみの撃破で，一般の民間人には被害が及ばないことが強調された）の高性能ぶりが喧伝されたが，実際は，民間人にも被害は及んだ。さらに，統治（governance）となれば話は変わってくる。

第2次大戦後では，ベトナム戦争に次ぐ長い戦争だったイラク戦争では，戦争の大義として掲げられた「フセイン政権の大量破壊兵器の隠匿疑惑」も「イラクの民主化」も，説得力を持たないまま，米軍は撤退（これはアメリカの敗北を意味する）した。イラクの独裁者サダム・フセインを捕捉して処刑し，ウサマ・ビン・ラーディンを急襲して殺害したにもかかわらず，戦勝の高揚

感はなかった。

　アメリカの覇権を支えるソフト・パワーを優先させれば，アメリカのイメージはたしかにソフトでマイルドだが，このアメリカの軍事力というハード・パワーの存在を看過してはなるまい。かつて，ロンドン大学の森嶋通夫は，日本の研究者は，戦争論がまったくできないと，よく批判した。それは，平和や民主主義という戦後状況が，「贈物」（ジョン・ダワー）だと揶揄されるような歴史に関係するものでもある。

　だからこそ，軍事論は人気がない。大学ですら，軍事や政治の話題を取り上げると，「政治的だ！」という非難を受けたことがあるくらいだから，一般社会の空気はもっとだろう。政治や戦争の話をタブー視する姿勢が，いかに政治的なことか，想像すらできない幼稚な人々があまりにも多い。政治も軍事も抜きにした国際関係論では意味がない。社会は，経済や文化だけで動くわけではない。

　軍事の役割を抜きにしては，アメリカの経済社会は語れない。1961年，当時のアイゼンハワー米大統領は，退任挨拶で，アメリカを蝕む軍産複合体の脅威に警鐘を鳴らした。だが，状況は一層進んだ。

　軍と政府との契約は，原則として，随意契約で行われ，一般公開入札ではないため，価格が恣意的に決定されやすく，したがって，癒着や腐敗があっても，なかなか外部には漏出しない。ブッシュ政権で副大統領としてイラク戦争へと世論を主導したディック・チェイニーは，PMFの代表格の元ハリバートンのCEOであり，その妻はロッキードの役員だった。それだけではない。CIAとウサマ・ビン・ラーディンは長年にわたって協力関係に

あり，さらには，ブッシュ大統領の父親が大富豪ビン・ラーディン一族のコンサルタントに就いていたことも，有名だろう。

　アジア通貨危機で，アメリカから聞こえてくるアジア批判として，crony（縁故）という言葉が盛んに使われたが，アメリカの軍産複合体こそ，cronyの最たるものだと言わざるをえない。アメリカでは，そういう官と民を往来することを「回転ドア」と言う。それは，cronyよりも腐朽が進んでいないだろうか。

　結論から言おう。アメリカがイラク戦争にかけた戦費は総額3兆ドル以上，ロッキード・マーティンは，F-16戦闘機，ロケットランチャー（クラスター弾の発射機），ヘルファイアー空対地ミサイル等々のみならず，イラク米軍基地の通信システムの一部を受注した。かくて，ワシントンのシンクタンクで軍事研究を行うウィリアム・ハートゥングは，「ロッキード・マーティンは，ハリバートンと並び，イラク戦争最大の受益者」だったと喝破する。一方，犠牲者数は，米軍の死者が数千人，負傷者は数万人，そしてイラク人死亡者は数十万人にも及ぶ（ウィリアム・ハートゥング『ロッキード・マーティン 巨大軍需企業の内幕』草思社，2012年）。

　当時のアメリカの政権中枢にいたチェイニーは，2001年の副大統領就任当時は，イラクに何の関心も示さなかった。しかし，9.11直後のチェイニーの演説には，「共産主義に変わる世界の敵が現れたという安堵感」が感じられ，急速に，「対イラク最強硬派の領袖」に浮上した，とジョージ・パッカーは記す（『イラク戦争のアメリカ』みすず書房，2008年）。

　一方，湾岸戦争時に，政権中枢にあって，国防長官だったチェイニーに対して，国民的人気のあった部下のコリン・パウエル

（当時，統合参謀本部議長）は，戦争の現場を知らないチェイニーがペンタゴンという軍を掌握する不満を，回顧録で述べている（ジェームズ・マン『ウルカヌスの群像』共同通信社，2004年）。

チェイニーが，軍歴こそないものの，軍に兵隊や戦争物資を供給する民間の戦争請負会社（PMF）ハリバートンの CEO だったことは特筆すべきだろう。チェイニーとパウエルの2人の戦争観の相違も興味深い。戦争を遂行する仕方や，戦場という現場を知ることの有無が見識を左右することを教えてくれる。命を賭けて戦った者と，そこから利益を簒奪した者の相違とでも言えるだろうか。

ベトナム戦争もイラク戦争も，兵器を作り，戦時需要が作り出す戦場で必要とされる商品需要（戦争では消耗が激しく需要が次々に波及する）によって軍需企業に儲けが転がり込む。一方で戦場の現場を余儀なくされる前線の兵士，さらには戦場に近いところで生活を強いられる一般の民衆に多数の犠牲者が出るという構図は，今も昔も変わらない。

変わったのは，戦争というものが，一方には利潤を，他方には犠牲を生み出しながら，それを世界に伝達する政府の広報や，テレビや紙誌といったメディアの宣伝技術が巧妙になったことである。それに，徴兵がなくなり傭兵という志願兵になることによって，戦場に駆り出されることが強制ではなくなり，したがって，一般市民の批判が弱まった。戦場から遠いアメリカはそれでいいかもしれないが，戦場を強いられるイラクでは，兵士であるかないかにかかわらず，犠牲者は膨らまざるをえない。

かつてのベトナム戦時の徴兵制がなくなって，傭兵という名の

志願兵制に変わり，ペンタゴンの注文を受ける民間会社もPMF (privatized military firm) と呼ばれるほどに，「戦争の民営化 (privatization of war)」は進んだ。そういった会社は，兵器のみならず，野営用テントや戦場での衣服，VIPのボディガード，食料品からミサイル・システムに至るまで，戦争を遂行する諸々の注文を請け負う。

端的に言うと，PMFは，「戦争と深く関連する専門的業務を売る営利組織」だと規定される。その内容は，戦闘作戦，戦略計画，情報収集，危険評価，作戦支援，教練，習熟技能等が挙げられる。つまり，かつて政府の役割だと考えられてきた軍事や安全保障に関わる役割を担う民間営利会社なのである（P・W・シンガー『戦争請負会社』NHK出版，2004年）。

さらに，戦争を報道する現場でも，湾岸戦争以来，科学技術を駆使した軍による情報管理が進んだ「テレビ戦争」と言われるくらい，戦争が一種のテレビゲーム化の様相を呈した。

しかし，殺害される側に立てば，今も昔も同じ残酷な殺戮が行われ，民間人を含む大勢の犠牲者が出ていることに変わりはない。そして，そうした殺戮を利益の源泉として肥太っているPMFの株価も役員報酬も上がり，最大の公共投資である点でも，昔も今も同じである。ただ，相違は，かつては，「反共」という大義名分だったのが，いまでは，「反テロ」「反イスラム」というスローガンとなっている。

ベトナム戦の際，衝撃を与えたソンミ村虐殺や枯葉剤散布といった非人道的犯罪が，軍による報道管制によって，なかなか露見しなくなっただけではないのか。今も昔も戦争が殺戮であることは変わりがないが，それを眺めるわれわれは，当事者席には

座っていないという偶然の幸運のために，その感性や情感が鈍磨させられている。

いったい，イラク戦争とは何だったのだろうか。経済学者スティグリッツは，2008年という，イラク戦争から5年が過ぎた時点で，こう総括した（『世界を不幸にするアメリカの戦争経済』徳間書店，2008年）。

アメリカは世界の軍事費の半分を占めるが，当時のGDPでアメリカの1％以下にすぎないイラクは，すでに1980年代におけるイランとの戦争で数10万人が死亡し，さらに湾岸戦争でも，7.5万人〜10.5万人のイラク兵士が死亡し，さらには10年に及ぶ経済制裁も経験した。そういう惨憺たる状況下で，米軍がイラク軍を即座に圧倒できなかったとすれば，それこそ衝撃的だったにちがいない，と。

イラク戦争は，これまでアメリカが関わった南北戦争，第1次大戦，第2次大戦，朝鮮戦争のどれよりも長い。しかも，それにかかったコストといえば，驚くほど膨大で，12年続いたベトナム戦争の1.5倍，朝鮮戦争の2倍以上，湾岸戦争のほぼ10倍，第1次大戦の2倍になると算定している。総額は3兆ドルに近いと予想する。しかも，それはアメリカのみにかかったコストにすぎない。

にもかかわらず，イラク人の70％が米軍の撤退を望み，アメリカは解放者というよりも，占領軍だと見られている。イラクのGDPは開戦前よりさらに下がり，4人に1人は失業者で，いらだちは募り，食べ物は腐り，電気供給の不足によって復興は進まない。200万人のイラク難民が世界に散らばり，イラク人の死者数は10万人から70万人までの推定がなされている。

そして，スティグリッツが対極に見出すのは，一部軍事企業の莫大な利益である。それは，政府筋からの巨大な調達で，利益を上げたPMF（民間軍事会社）である。イラク戦争開戦以来の株価の高騰率は，ハリバートン229%，ジェネラル・ダイナミックス134%，レイセオン117%，ロッキード・グラマン105%，ノースロップ・グラマン78%，という具合である。

多くを付言する必要はあるまい。日本で，こうした重大な事実を，政府も大手メディアも知識人も，口にする人がいったいどれほどいるだろうか。国連安全保障理事会の支持も得ないまま始まったイラク戦争の開戦を支持したまま，日本政府は，その後，何の総括もせず，時間は過ぎてしまった。2011年，米軍はイラクから完全撤退した。スティグリッツは，イラク戦争を，「勝者なき戦争」だったと言い切った。

テロ戦争という名称は，2001年9.11とともに，世界に流布した。まるで，世界はテロとの戦いのために，総力を挙げて協力しなければならないと報じる論説は増えた。そして，9.11直後にアフガニスタンへの爆撃が始まり，2003年3月にはイラク戦争が始まった。その意味で，確かに，引き金は9.11だった。しかし，アフガンやイラクを爆撃する側に，どれほどの正義があるのだろうか。このそもそもの疑問に対する満足できる回答はなかなか得られない。

戦争報道で定評のある英国ジャーナリストのジョン・ピルジャーはこう言う。

「9.11のアメリカに対する攻撃に直接関与したアフガニスタン人は1人もいない。大半はサウジアラビア人であり，ドイツ

やアメリカで訓練されているのである。しかも裁判にかけられたものは1人もいない。にもかかわらず、ほこりだらけの、小さな村に暮らす数千人の無辜の市民が裁判もなしにテキサス方式で死刑に処せられ、さらに多くの人たちが、この先何年にもわたって不発のクラスター爆弾の犠牲となって障害を負うことになる」(ピルジャー『世界の新しい支配者たち』岩波書店，2004年)

戦争の現場は、欺瞞と暴力が支配する。そこには、言いようのない不条理が蔓延する。しかし、9.11以降、大手メディアや知識人から、ましてや政治家から、ピルジャーのような論説を聞くことはほとんどなかった。

2-2 の課題

1 | 米軍は圧倒的な軍事力(世界の軍事費の半分はアメリカ)を誇るにもかかわらず、なぜアフガンでもイラクでも戦争に勝つことができなかったのだろうか。殺害されたサダム・フセインやウサマ・ビン・ラーディンが、アメリカの盟友だった時代があるのを、あなたは知っているだろうか。
2 | ニューエコノミーというとき、どういうイメージが思い浮かぶか。IT、ナスダック、クリントン大統領、それとも、テロ戦争等々、何を思い浮かべるか？
3 | イラク戦争とは何だったのだろうか。一部には、サミュエル・ハンチントンの「文明の衝突」史観(西洋 vs. イスラム)が当たったという声も上がったが、「文明の接近」(エマニュエル・トッド)、「文明の崩壊」(ニーアル・ファーガソン)という考え方もある。異なった文明同士は、対立するのか、接近するのか。たとえば、日本への仏教伝来やキリスト教伝来などをケース・スタディとして、具体的に、考えてみよう。
4 | 戦争に協力する、あるいは戦争を主たるビジネスとするPMFとは、いったい、どのようなビジネスを行うのだろうか。あなたは、徴兵と傭兵の相違が分かるだろうか。

第2部
日本とアジア at present

東アジアの名目 GDP の内訳（2011 年）

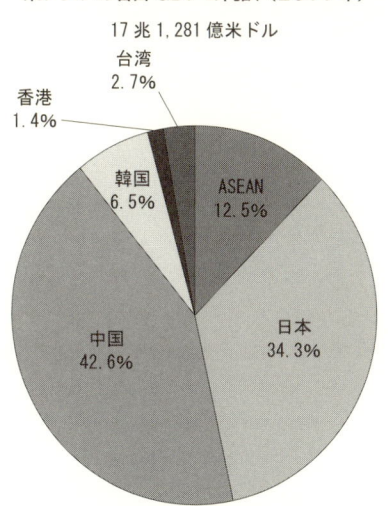

17 兆 1,281 億米ドル

- 台湾 2.7%
- 香港 1.4%
- 韓国 6.5%
- ASEAN 12.5%
- 中国 42.6%
- 日本 34.3%

出所）http://www.mofa.go.jp/mofaj/area/asean/pdfs/sees_eye.pdf

　中国と日本で東アジアの名目 GDP の 4 分の 3 を占める。日本が GDP で圧倒的だった時代は終わり，中国の経済力が最大である。次は ASEAN で，韓国は ASEAN の半分程度である。

第3章 / 激動の日本

　かつてジャパンマネーが世界を席巻した1980年代，日本円は，その国際化が期待され，債権大国としての勢いを象徴するものだった。その後，「失われた10年」が「失われた20年」になり，その存在感も薄れた。日本はかつての一億総中流化というイメージが希薄になり，格差社会も定着した。外国人も増えた。とはいえ，3.11を経て元気のない日本はどこへ行くのか。その国際ポジションを，どう構えるのか。「アジアであってアジアでない」という脱亜の姿勢を今後も続けるのかどうか。日本人の一人ひとりが問われている。

3-1/ 日本とは何か？

◎日本のアイデンティティ

　日本とは何だろうか。歴史家の網野善彦は，繰り返し，その疑問を呈しながら，逆さにした日本地図から覗き見える日本観の変容を説いた。そしてなぜ，いつ，日本という国名になったのかと，問い続けた。長い間，網野の愛読者だった著者も，網野の鋭い発問に刺激を受けつつ，歴史の面白さを学んだ。

　たしかに，逆さ地図から見れば，日本像の変容に気付く。通常の地図は，日本を島国と性格づけやすいが，逆さ地図では，日本は大陸や朝鮮半島やサハリンに近く，日本海は，まるで大陸や朝鮮半島に囲まれた湖のように見える。孤立した孤島という島国日本ではなく，モノもヒトも情報も，大陸との交流を深めながら，文化が伝達されていただろうと推測される。だからこそ，網野は，ムラ社会に代わって，ウミ社会という造語を言い出したのである。

　ムラ社会と言えば，閉鎖的な空間が思い浮かぶが，ウミ社会と言えば，開放的で躍動感のある空間がイメージされる。島々は四方を海洋によって隔てられるが，島国だからといって，そこに住む住民の精神が，閉鎖的なメンタリティを意味する島国根性を帯びる必然性はかならずしもない。

　人や物や情報の交流が，海洋をへて，積極的に行われたことが

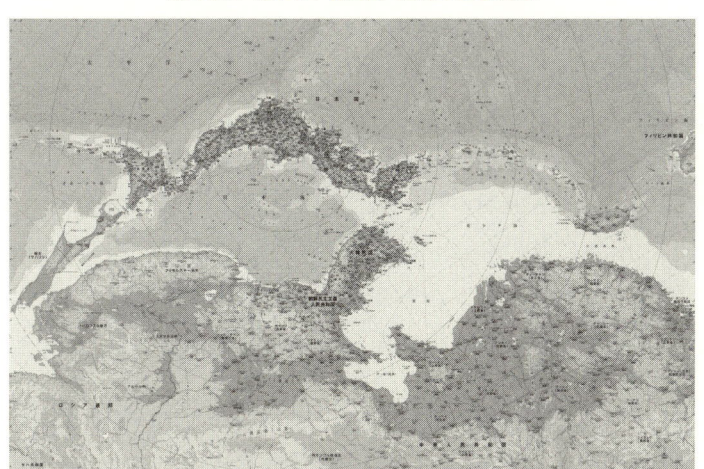

環日本海・東アジア諸国図（通称：逆さ地図）

出所）この地図は，富山県が作成した地図（の一部）を転載したものである。（平24情使第238号）

十分に考えられる。網野説では，日本という国号も，聖徳太子の7世紀に求められる。聖徳太子が送った遣隋使が携えた親書にあった，「日出づる国」という表現が，日本という国号につながったという。なるほど，ハワイから見れば，日本は「日出づる国」ではなく，「日沈む国」になってしまう。

そこには，中国に対して，日が昇る国からやって来た天子だという日本の自負が込められている。換言すれば，当時の覇権国家の中国を軸に，それに対抗する意味を込めたものだと言えよう。考えれば，ヨーロッパから見て東方を指す「オリエント」も，ラテン語で「陽が昇る」の意味合いだというから，日本と符合する部分もある。

島国については，網野同様の問題意識は，森嶋にも見られる。

森嶋は，英国は日本同様の島国だが，英国には「島国根性」に相当する言葉はない，と言う。2つの島国の共通性と相違に関する森嶋の指摘は，なかなか興味深い。

類似の論説は，古代史論で，小説とは異なる才気を放った松本清張の考えにもある。清張は，古代における文明の伝播経路を，朝鮮半島から九州をへて，大和に至ったという説を採る。その際，対馬海峡は，ギリシャとトルコに挟まれたエーゲ海文明に似た文明の transmitter の役割を果たしたと認識する。つまり，中国から朝鮮にやってきた文明を，九州に伝え，仲介する役割を担ったというわけである。

なるほど，島々というものは，大陸の文明を，他の大陸に伝える役割を果たすことによって，存立基盤を固める。そう考えれば，島の住人が閉鎖的な「島国根性」に凝り固まってしまえば，重要な仲介役は果たせない。逆に2つの文明を伝播させる broker だと考えれば，大胆な胆力を備えなければ，その役割は果たせない。島が閉鎖的な空間で，島の住民が視野狭窄な認識しか持たないという思い込みは，偏見なのである。

もう一つ，網野の功績は，百姓を農民だと誤解して，延々と続いてきた史学の盲点を突いたことである。網野によれば，多くの史料にある，百姓という表現を，多くの歴史家は農民だと誤解した。それが学校教科書に掲載されて，誤解は延々と続いた，と。

そもそも，百姓の原意には，「多くの人々」「いろいろな職業」，英語で言えば lots of people といった程度の一般的な意味合いしかなく，とくに農業と結びつくわけではない。

たとえば，表3-1にあるように，天保14年（1843年），ある村の百姓の内訳（85軒）を見ると，職業人数の多い順に，塗師

表 3-1：百姓の職業

職業	軒数	内兼業	兼業種	職業	軒数	内兼業	兼業種
塗師	19			卸廻船問屋	1		
木地商売	2	1	素麺	船肝煎	1	1	塗師
沈金商売	1			指物職人	1		
漆仲買	1	1	綿	古手商売	8	7	塗物，四十物，小間物，繊草，古かね，草履，わらじ
塗物商内	1						
素麺	15	13	油，米秕売，蝋燭，綿，味噌，室，賃餅搗屋，油しめ，桶師，指物師，木地，船問屋，他国出口銭改	反物	1	1	小間物店売
				紺屋	1		
				綿	1	1	豆腐
鍛冶	4	1	素麺	鍋店売	2	5	板，たる木
米秕売	2	1	小間物	質物預り	5		漆仲買，米秕売，素麺，油小売，2人乗渡海船1艘，4人乗渡海船1艘
小菓子	1		煎餅				
豆腐商売	2		漆小商内				
煎餅商売	2		紙類	博労	1	1	小間物
酢商売	1			薬種	1		
四十物商内	2	2	小間物，古手	風呂屋	1		
味噌商売	1		素麺，紙類，油小売	医業	1		
饅頭商売	1			御給人蔵宿	1		酒造，質物預り
酒造	1	1	醤油，綿，蝋燭小売	日雇	1		
卸塩問屋	1	1	室，素麺	無記載	1		
				計	85	42	

「能登輪島住吉神社文書」天保14年9月，諸商売井家内人数相調理書上申帳より

出所）網野善彦『日本の歴史／「日本」とは何か』講談社，2000年。

19軒，素麺15軒，古手商売8軒，質物預り5軒，鍛冶4軒と続く（『日本の歴史／「日本」とは何か』講談社，2000年）。

まさしく，多様な商工業に携わる人々が百姓として一括されてしまっている。江戸時代の農民の比率は，教科書では，概ね，8割前後だと記されているが，網野の試算では半分以下だと推測されている。なぜなら，百姓とは，商工業，金融，金貸し，商業，林業，漁業等々，まさに多様な職業に携わっていた多くの人々の総称にすぎないからである。

しかしながら，網野によって指摘された通説の誤解は，その後も，訂正されることなく，「百姓＝農民」という誤解釈は今も続く。これは誤謬を嫌う（認めない）官僚制の性格によるものか，それとも網野の言うように，日本に蔓延る農本主義的思考のゆえ

か，興味深いところである。

　江戸時代を農業中心の遅れた封建社会と描くことによって，逆に，明治期を工業や製造業に主導された近代社会だと，イメージ操作をしようとしたのだろうか。たしかに，網野説は，工業や金融の発達といえば，専ら明治以降の近代の産物だという偏見から，解放してくれる。

　たとえば，これは著者の経験だが，1980年代，大阪の先物調査団がシカゴの先物市場を訪問したところ，「シカゴの先物市場は，江戸時代の大坂で米の堂島先物取引所」をモデルにしたものだと言われて，驚いたという話を聞いたことがある。先物取引と江戸時代はいかにも不釣り合いに感じるが，それは現在から眺める偏見にすぎない。江戸期の大坂には余剰米が集まり，流通させるメカニズムが日本で一番整っていたからこそ，「天下の台所」と言われたのである。

　一つの発見から，社会や人間を眺める尺度が変わり，その結果，全体像が大きく変わるということ，社会科学や経済学は，その武器になりうることを教えてくれる。日本国の意味合いに始まり，ウミ社会や百姓の再定義等，網野は支配的通説の誤謬を説き続けた。

◎森嶋通夫の日本没落論

　ロンドン大学の森嶋通夫は，『なぜ日本は没落するか？』（岩波現代文庫）で，人口減少の予測や，人材劣化といった諸要因を挙げ，日本の近未来における政治経済的没落を予測した（2004年没）。著者は何度か接する機会に恵まれたが，「まあまあ」という日本的曖昧さを徹底的に嫌い，筋を曲げない知識人だった，とい

う印象が強い。

　森嶋説の特徴は，下部構造が上部構造に与える影響よりも，上部構造が下部構造に与える影響の大きさを重視する姿勢にあった。人間のメンタリティが経済状態から受ける影響のみならず，それが経済状態に及ぼす影響を問題視する。そこで，人材の劣化が日本の政治経済的行方を左右する大きな要因となって浮上する。

　森嶋の「没落」論が最初に執筆されたのは1999年だった。当時の日本は，1997年から98年にかけて，山一證券倒産や北海道拓殖銀行倒産に端を発する未曽有の信用不安が重なり，没落を予想する森嶋の予感は，身近なものとして共有された。

　だが，森嶋が「没落論」を公刊した1999年から12年後の2011年，事態はさらに風雲急を告げた。3.11の大震災，それに続く福島原発事故が，翌2012年には，尖閣諸島をめぐる日中の激しい対立や，大規模な反日デモが中国を覆った。

　にもかかわらず，漫然としたまま，早急な対策や政策を打てない日本政府のあまりの無策無能ぶりに，あるいは安閑としたまま，中国との外交交渉に乗り出そうとしない，まるで他人事のような素振りを装う日本政府の姿勢に，森嶋の説いた「没落論」がにわかに現実味を帯びてきた。

　無為無策といえば，解決の糸口すら見出せない拉致問題も同様である。2002年9月以来，10年以上を経過したが，政府の担当責任者がコロコロ変わるばかりで，一向に進展しない。日本という権力の中枢が空洞であると指摘したオランダの政治経済学者ウォルフレンの説（『日本／権力構造の謎』早川書房，1990年）は当たっている。

森嶋は，日本が没落を阻止して再生するには，「アジア人の手でアジアを盛んにさせよう」というアジア共同体構想に手を挙げるしかないが，おそらく，そういう方向に日本が進むのは無理だろう。したがって没落するしかないと予想した。日本人のアジアへの蔑視がとれないからだ，というのがその理由だった。その証拠として，1990年代後半に相次いだ中国からの江沢民の来日時も，そして韓国からの金大中の来日時も，アジア共同体形成への舵取りを示すという方向で，日本の世論が盛り上がることはなかった，と。

著者が森嶋説を読みながら，いつも思いだすのは，マレーシアの元首相だったマハティールが日本人に向かって，「あなたたちはアジア人ですよ」と繰り返し呼びかけた台詞である。1990年代初め，自らが提唱するEAEC（東アジア経済協議会）への日本の参加を促し，マハティールはこう言った。

「日本はアジアです。日本は東アジアの国なのです。…この地理的・文化的な事実に背を向けることはできません。あなたがたはここに属しているのです」（サミュエル・ハンチントン『文明の衝突』集英社，1998年）

このマハティール提案に対して，日本政府がEAEC参加に乗り気でなかった理由を，ハンチントンはこう述べた。

「1つには，アメリカの機嫌を損ねることを恐れ，また1つにはみずからをアジアの一国と認識するかどうかで，意見が分かれていたからだ」（同上書）

マハティールの主張をもう一点。

「アメリカは自分自身は貿易ブロックを形成できるが、東アジア諸国には、互いに話し合うことも許さないのです。……我々は、自分たちの国々を『東アジア』と呼ぶことさえ許されない。『太平洋諸国』と呼べ、というのです。というのは、『太平洋諸国』と言えば、アメリカもその中に含まれるからです」（『文藝春秋』1992年3月号）

日本のアジア志向を促したマハティールよりも、ある意味、より衝撃的だったのは、2009年秋の民主党政権登場で注目を浴びた鳩山首相（当時）の一言だったかもしれない。それは、ニューヨーク・タイムズに掲載されて波紋を投じた鳩山の論説である。

「最近の経済危機は、アメリカ型の自由市場経済学が唯一の普遍的で理想的な経済秩序を表現するものだという考え方に依拠した思考様式から生起したものであったし、そして、すべての諸国はグローバルな基準（むしろアメリカ的な基準）に沿って、その伝統や規制を修正すべきであるという思考様式から生起したものでもあった。……もしも冷戦終焉以降の日本社会で起きた変容を振り返れば、グローバルな経済によって、伝統的な経済的活動は傷つき、ローカルな共同体は破壊されたのだと言って過言ではない」("A New Path for Japan", *The New York Times*, Aug. 26, 2009)

2009年の鳩山の主張は、残念ながら、日本社会の合意となる

ことはなかった。森嶋は日本の近未来に絶望を表明しつつ，2004年にロンドンで没した（ちなみに，京都には，京都大学名誉教授の池上惇を中心に，森嶋学を引き継ぎ，日本社会を再考する動きがある。池上惇「学者が斬る／日本没落の時代に『森嶋経済学』を見直す」『週刊エコノミスト』2011年2月1日）。

　森嶋の嘆きを聞くまでもなく，アジアへの日本人の認識は冷ややかである。一方，日本社会のアメリカ贔屓は徹底している。2012年，危険なオスプレイ配備についても，政府は反対や懸念の声すら上げることができなかった。沖縄での米兵による婦女暴行事件についても，アメリカに抗議に行ったのは，日本政府ではなく沖縄県知事だった。

　人々は，ハリウッド映画を眺め，野球もメジャー・リーグに憧れ，アメリカン・ポップスを聴く。英会話はあやしいが，英会話教室は多数存在する。

　一方，アジアへの感情を知りたければ，PCのキーボードを叩いてみたらいい。そこには，戦前顔負けの，中国や朝鮮への憎悪や蔑視むき出しの激しい言葉が続く。少しでも中国寄りの発言をしようものなら，「日本人のくせに！」「日本から出て行け！」，といった感情的憎悪が返ってくる。こうした人々に共通するのは，親米姿勢に対しては，「日本からアメリカへ出て行け！」とはけっして言わないことである。

　さらに，森嶋がキーワードとして挙げた日本における人材劣化も，どこにでも見られる日常的風景となったような気がしてならない。携帯やテレビ漬けでアルバイトに明け暮れ，本を読めない「大学生」，釣銭を計算できない「店員」，子育て放棄の若い「母親」，電車で化粧に励む「女子校生」等々。

劣化は，われわれ庶民ばかりではない。政策や外交に興味のない「政治家」，芸は磨かず，テレビで私生活を喋るだけの「芸人」，テレビで政治経済についてコメントするタレントや元スポーツ選手，芸能情報にコメントする現役「大学教授」等々，数え上げれば切りがない。

◎富裕層の増大

格差社会という言葉はすっかり定着した。富裕層の定義は一般的に，100万ドル以上の金融資産保有者を言う場合が多いが，最近のレポートでは，富裕層の数で，182万人を数える日本（世界シェア16.6％）は，306万人を数えるアメリカ（世界シェア27.9％）に次いで，第2位である。

日米2カ国で44％という高率を占める。次いで，ドイツ（95万人，8.6％），中国（56.2万人，5.1％），英国（44.1万人，4.0％），フランス（40.4万人，3.7％）と続く（『週刊ダイヤモンド』2012年10月20日）。

その理由として，同誌は，役員報酬の増大を挙げている。会長や社長職にある経営層の報酬増大である。したがって，年齢別では，富裕層の高齢化が進んでいることも日本の特徴で，欧米のような若く豊かな起業家は少数派である。

さらに，そこにあるカラクリも見逃せない。急速の円高によって，富裕層の範囲が底上げされたという「統計マジック」である。たとえば1米ドル＝100円なら富裕層は1億円以上の保有層になるが，1米ドル＝80円の計算では8,000万円以上の保有層が，富裕層となる。会食やパーティーで日に100万円も散在するというネット関連の創業者が同誌に紹介されているが，同誌によ

れば,「Rich or Die」が信条だという。

　気分を変えて,都心にあるホテルを訪ねてみると,そこはかつての都市ホテルとは異なる。受付のフロントがチェック・インを行う一般客と,特定の特別客だけを担当するエグゼクティブ (executive) 相手の豪華なクラブ・フロアを分ける高級ホテルが増えつつある。

　つまり,ホテルのなかに別のもう一つのホテルが誕生しているのである。そこでは,滞在中の宿泊客のお世話をする専属のコンシェルジュ（バトラーとも言う）が付き,専用のクラブ・レストランがあり,プールやジャグジーやエクササイズ・マシーン利用も料金に含まれ,飲み物提供からシューズ・クリーニングまで,様々なサービスが無料で提供される（もちろん,無料とはいえ,高額の宿泊代に含まれてはいる）。

　そうした高価なサービスが,セレブや上位階層だという顧客の虚栄心をくすぐるのだろう。なかには,そういった高級ホテル滞在を趣味にして,ブログで滞在記を公開するマニアもいる。つまり,かつての都市ホテルとビジネス・ホテルという区分ではなくなっている。

　都心には,ガードマンによる24時間警備やホテルフロント並みの受付をもつ高級タワーマンションも増えた。外部から完全に遮断されたプライバシー確保や高層から見える眺望,さらには内部にあるプールやエクササイズ・マシーンが「売り」である。概ね,住人は地下駐車場に駐車している高級外車で行き来するため,隣近所の付き合いはあまりない。外資系のファンド・マネジャーや医師や芸能人が多く住む。

　東京銀座や大阪西梅田の界隈には,Gucci, Coach, Hermes,

Bvlgari, Chanelといった高級ブランド店が軒を並べ，選別された顧客相手に，貴金属や皮製品，アクセサリーといった高級ブランド物が陳列されている。ドア前には，体格のいいガードマンが警備に立つ。

消費といえば，カード・ビジネスも分極化が目立つ。かつて人気のあったゴールド・カードに代わって，ブラック・カードなる最高級カードが出現した。年会費も高いが，サービス内容も，医療相談や保険，さらにはショッピング情報に至るまで，特定の会員向けに，高価ながらも多様なサービスを提供する。

さらに，貴金属商を訪ね，貴金属価格の高騰を反映して，金（ゴールド）やプラチナの価格を物色しながら，投機に走る投資家層も少なくない。ダイヤモンドやプラチナといえば，今や，着飾るための装飾品としてだけでなく，信用不安から，投機対象になっている。預金金利がほぼゼロに張り付いたまま，市場リスクや為替リスクに晒される外貨建てファンドに比べ，ペーパーマネーではない価値実態である金やダイヤモンドやプラチナは，貴重であるに違いない。

しかし，それらも米ドル建て取引が市場の中心を占めることを考えれば，為替リスクからは逃れられない。しかも，日本には卸のニューヨークCOMEXのような取引市場はなく，専ら，小売店でしかない。卸市場の市場相場と為替リスクの2重の変動リスクを負うという点では，外貨建てのファンドや株式や債券市場への投資と同様である。

◎貧困の堆積

一方の極に富が溜まれば，他方の極に貧困が溜まるのは世の常

である。増え続ける生活保護世帯の数は，もはや，敗戦直後を上回って過去最多を更新し，2012年11月時点で，214万人を超え，世帯数では156万世帯を超えた（Asahi com, 2013年2月13日）。投資を支える資金源である貯蓄率低下は明白である。

2人以上世帯の貯蓄額は，平均1,150万円，中央値420万円，単身世帯では，平均641万円，中央値60万円となっている。次第に増え続けるゼロ貯蓄世帯の割合は，2人以上世帯では28.6％，単身世帯では38.7％を記録した。2人以上世帯では3割近い比率が，単身世帯では4割近い比率が，いずれもゼロ貯蓄である。投資源としての貯蓄が枯渇しつつあることが分かる。とりわけ単身世帯の多くを占める単身若者や，単身高齢者の生活事情の厳しさがよく表れている（いずれも2011年のデータ，金融広報中央委員会「家計の金融行動に関する世論調査」参照）。

かくて，時給1,000円程度の低賃金で職場を転々と移動する低賃金層が増え，その多くが昇格も昇給もない単純肉体作業に従事する。それさえもない生活保護世帯や無貯蓄層も広がる。所得格差に始まり，教育格差，結婚格差，さらには希望格差という言葉すら聞こえる。

「この国にはなんでもある。だが希望だけがない」と，作家の村上龍が日本の閉塞感に警鐘を鳴らし，若者の共感を集めたのは10年以上も前だった（『希望の国のエクゾダス』文藝春秋社，2000年）。

ジャーナリストの横田増生がアマゾンに潜入取材を試みたルポがある。その単純作業は，ノルマとコンピュータによる監視の組

み合わせによって，労働者が殺伐とした非人間的な作業現場を強いられている様子が，巧みな筆致で表現される。作業の基準は，ピッキング「1分で3冊」，検品「1分で4冊」，棚入れ「1分で5冊」，手梱包「1分で1個」という具合である。

「1分で3冊のピッキングということは，60分で180冊になる。時給900円なら，1冊当たりのピッキングにかかるコストは5円。同じく時給を他の作業ノルマで割ると，検品は1冊当たり約4円，棚入れは3円，手梱包は15円・・・」

横田は，このピッキングから梱包までの，コンピュータで監視される単純作業の繰り返しを，「ジョージ・オーウェルが描いた監視社会のなかに身を投じたような空恐ろしさ」だと評した。そこには，アルバイト同士の笑い声はもちろん，話し声すら聞こえない。横田は，このアルバイトの労働現場を，熟練の必要のない，時給で働くロボットだと評している（『潜入ルポ アマゾン・ドット・コム』朝日文庫）。

労働者派遣業という名のサービス業がずいぶん増えた。派遣労働者は，正規社員に比べ，給与や社会保険や福利厚生で劣位にあるだけではない。そもそも，労働する現場の派遣先企業からは直接に給与をもらえない。給与を支払うのは雇用元の労働派遣事業者だからである。派遣労働者の労働の対価は，給与としてではなく，物件費として派遣事業者に支払われる。そのなかから，一定の割合をコミッションとして差し引かれ，派遣労働者に給与として支払われる。

労働者派遣法は1985年に制定された。その後，何回かの改定

を重ねたが，概ね，当初は限定的だった業種にかんする規制が緩和されて，ほとんどの産業で，より一般的になった。

厚労省の「2010年度労働者派遣事業者報告書の集計結果」（2012年1月公表）によると，派遣労働者数は271万人，派遣先企業数は71万件，その年間売上は5.3兆円だという。ちなみに，派遣料金は8時間で17,096円，派遣労働者賃金は11,792円（時給換算で1,474円）だから，派遣事業者は派遣先企業から物件費として受け取った金額の69％を派遣労働者に支払ったことになる。

社会学者の橋本健二は，この派遣社員やフリーター等の非正規社員を，伝統的な労働者階級のさらに下の最下層に位置する，現代の「アンダークラス」と名付け，その数を1,381万人，率にして就業者総数の22.1％，平均年収でわずか150万円程度（パート主婦を除く平均）だと推定する（総務省の「就業構造基本調査」から算出されたもので，データは2002年時点。『貧困連鎖』大和書房，2009年）。

かつて，アンケート調査で9割以上が「中の中」と答えたような一億総中流の風景は，21世紀の今日，なくなってしまった。戦後日本人が抱いたアイデンティティは，極端な富裕層もいなければ，居住のないホームレスのような極端な貧困層もいないというものだったのではないだろうか。そこにおける自意識は「中の中」というもので，凶悪犯罪も少ない安全な社会だという安心感があったように思う。

ところが，今や，どの大きな都市のターミナル駅でも，たむろするホームレスをよく見かけるようになった。大阪釜ヶ崎で浮浪者に話を聞いたが，かれらは自らの人生を実に饒舌に喋る。なぜ

こんな場所に来ざるをえなかったのか、なぜ家族や友人と生き別れ、身を隠さなければならなかったのか。

皆、人生の喜怒哀楽を経験した末に、逃げ込んだ先が釜ヶ崎だった。高利負債の返済に追われ、住所が特定されれば、当該住所に取り立てが押し寄せる。それから逃れるためには、釜ヶ崎のような寄せ場に逃げ込まざるをえなかった、と。

失業、離婚、倒産、破産、借金等々、人の抱える苦しみは多様である。自らの仕事がいかに日本経済の発展を支えるものだったかを語る口調からは、自負の念が覗く。かれらは社会も政治も経済への不満についても、よく語る。なかには、昼間からアルコールに浸り、あるいは1日中公園で寝ているだけの者たちもいるが、かれらはかならずしも多数派ではない。

多くは路地で、石鹸、歯磨き、靴、靴下、ティッシュ、古本といった生活必需品を広げて商いを営み、日銭を稼ぐ。外部から釜ヶ崎を訪れる者たちも多様で、牧師やNPO支援者、さらにパトロールの警察官等、多くの人々が周回する。近所の学校を取り囲む高い塀の存在が、ここが釜ヶ崎であることを教えてくれる。

しかし、釜ヶ崎で出会った人々との会話が、横田が描いたような、コンピュータの監視下、ピッキングに追い立てられる単純作業の現場よりも、まだ、人間的な臭いを感じないでもない。著者は、かれらとの対話を通して、人生の成否は、あるいは幸不幸は、運と偶然によることが多いのかもしれないと教えられた。

◎格差の認識

資本主義だから、格差は当然だという声がある。市場での優勝劣敗は不可避だと言う。しかしながら、封建制下では、武士と農

民の格差ははるかに大きかったが，武士と農民の格差ということ自体が問題視されることはなかった。王制でも，王と奴隷との格差は問題視すらなされなかった。共産主義ではどうか。海外に多くの利殖機会をもつエリート党員と，労働以外は何も収入源がない一般の人々の格差も甚大だろう。

アメリカの歴史家ニーアル・ファーガソンは『文明』(勁草書房，2012年) のなかで，資本主義下における労働者の窮乏化が必然だと説いたマルクスの誤りを論じる。マルクスの窮乏化論の誤りは，労働者の窮乏化が資本主義の法則が生み出す必然で，資本家と労働者の対立に焦点を当てるあまり，消費者としての労働者の所得向上を無視したからだ，と。

ところが，労働者の賃金増大に伴う消費市場の拡大 (事例として挙げられるのは，フォード社で製造された自動車は，フォード社の労働者によって，購入される。それは，フォード社労働者の賃金という所得が自社自動車を購入できるほどに高いからだ) こそ，供給に対する資本主義の隘路 (過剰生産) を解決する道だというわけである。同じ人間が一方では労働者であり，他方では消費者でもある。

生産現場では，労働者のコスト (賃金) はできるだけ小さいほうがいいが，消費現場では労働者の賃金は市場を形成する以上，より高賃金であればあるほど，商品の販売市場を提供することになる。労働者はすべて消費者でもあることを考えれば，この矛盾の解決こそが資本主義の隘路を解決するというわけである。ファーガソンは，西洋こそ，この隘路を解決し，労働者を消費者として捉え，賃金上昇によって商品に対する市場を作り出すことに成功した，とする。

ファーガソンのように考えれば、格差は資本主義に特有だとは言えなくなる。体制の如何を問わず、格差は拡大もすれば、縮小もする。一億総中流という、格差の少ない福祉社会をよしと考えるかつての日本は、資本主義とはいえ、なかなか居心地のいいものだという思いがあった。

それが、金融ビッグバンの宣言（1996年11月）で、規制撤廃や民営化や市場原理が好意的に喧伝されるようになった。「市場の失敗」よりも「市場の効率性」が、「市場への規制」よりも「市場による規制」が、全面的に語られるようになって、中流層の転落や不安が目につくようになった。

1960年代のベ平連を率い、「何でも見てやろう」「人間みなちょぼちょぼ」「難死の思想」といった数々の名言を吐いた作家の小田実が、最後に残した提言が「中流の復興」（生活人新書、NHK出版、2007年）だった。小田は、どん詰まり状態の世界を救う原理として、日本の「中流の生活」を世界に普及することの重要性を説いた。公平な分配によって、「文明の立て直し」を図ること、その原理によって、戦後、玉砕を拒否し、平和国家としてやってきた日本の「中流の生活」は世界に誇れる、適当なモデルたりうる、と。

それが、第2次大戦時、空襲下の大阪を逃げ惑い、戦後は、兵役拒否の米兵を助け、正義なき戦争を批判し、普通の人の普通の生活の重要性を、普通の人間として主張し続けた小田の遺言だった。

3-1 の課題

1 | 日本や日本人というアイデンティティはどういうときに抱くのだろうか。また,「○○県人」といった出身郷土を問う意識も根強いが, それはグローバリゼーションのなかで, どのように捉えるべきだろうか。
2 | 網野史学について考えてみよう。日本国号論から百姓説等々, 多くの論述が続く。森嶋経済学も, 松本清張の古代史論も, 一世を風靡した。かれらの書籍が, 軽薄なハウツウ物と異なるのは, かれらが人生を賭けて, 真摯な研究結果を著したからである。ネットに溢れる軽いお喋りや誹謗嘲笑とは異なる凄みがそこにはある。
3 | 格差問題の現実をフォローしてみよう。あなたは, 富裕と貧困の実例をどれほど知っているだろうか。ワーキング・プア, 生活保護, 寄せ場, ゴールド・カード, 金・プラチナ投資, 高級ホテル・クラブフロア等々。

3-2/ 日米中トライアングル

◎日米中の関係

　かつて，拙著『トライアングル資本主義』（東洋経済新報社，2006年）で，日本の国際ポジションを性格づけるときに，いつでも欧米とアジアを結ぶ3層構造の中間に日本を据える地図は，日本のポジションを間違いやすいと述べたことがある。

　なぜならば，そういう図式からは，日本は欧米ともアジアとも結ぶが，欧米とアジアとの結びつきは見逃してしまうからである。実際，アジアに出かけてみれば，日本のみならず，欧米とのコンタクトが多いということはすぐに気付く。アジアの多くが元々は欧米の植民地か，もしくは準植民地だったという経験をもち，したがって旧宗主国だった欧米は，アジアを統治する方法も情報も熟知している。

　中国もそうである。アヘン戦争以降，中国は欧米に開国，開港を迫られ，欧米の拠点を租借地として許した。そうした経験から，中国も欧米とは何かを肌で知っているし，欧米も中国社会の何たるかを知っている。そうした構造が，日本を双方の中間に位置づけてしまうと，見逃されてしまう。

　だからこそ，日米中をトランアングルと認識する視点が重要性を増す。日米か日中かといった選択論議ではなく，米中関係を知るということこそが重要なのである。

◎日本の「1人負け」

　歴史は動く。2011年3月11日，マグニチュード9の地震が東日本を襲った。それに続き，福島原発のメルトダウンが起きた。爆発した放射能が大気や海水や土壌を汚し，多くの日本人を恐怖のどん底に落とした。しかも，2年以上経過しても，事故は収束せず，除染もままならず，国会事故調の最終報告書ですら「人災」だと認めながらも，だれも責任をとらなかった。

　原発事故後，放射能の高いエリアでは除染作業が繰り返されてきた。しかし，その実態は，表面を削った汚染土壌を土中深く埋め，汚染が土中に消えたかに思いきや，しばらくするとガイガーカウンターは元の数値に戻る。あるいは高圧放水で行う除染は，汚染水を河や海に垂れ流すことでしかない。だが，福島の人々によれば，「除染は儲かって仕方がない」という。東京と福島を往復しながら記す沖方丁（うぶかた とう）は，復興という現場を覆う哀しさを教えてくれる（「新仕事の周辺」『産経新聞』2012年12月9日）。

　にもかかわらず，2012年7月，火力発電を止めてまで，関西電力は大飯原発の再稼働に踏み切った。この断行に対して，夏から秋口にかけて，毎週金曜日には，脱原発を求める数万人規模の人々が首相官邸前に押し寄せた。そこには，ノーベル賞作家の大江健三郎，ジャーナリストの鎌田慧，ニューヨークから駆け付けた音楽家の坂本龍一らの姿もあった。原発「NO！」の声の唸りである。

　混迷を続けるのは，原発問題ばかりではない。2012年9月，尖閣諸島をめぐる日中対立から，中国で多くの大規模な反日デモ

が起きた。また竹島の帰属や従軍慰安婦をめぐって，日韓関係にも緊張が走ったが，政府の対応は要領を得なかった。政府トップの首相も外交トップの外相も，「領土問題はない」と繰り返すばかりで，相手国側と政治交渉，つまりは外交を展開する意気込みはほとんど見られなかった。

　日本は，長い間，経済大国という名を享受し，1989年末には東証株価がニューヨーク（NYSE）の時価総額を上回るほどの勢いを示した。しかし，2011年には，オイルショックの1980年以来，31年ぶりに貿易収支赤字を記録した。さらに，2012年にはそれを上回る赤字が予想される。今日では，経常収支赤字への転落も懸念され，その国際競争力に黄色信号が点る。

　この難局に対処するに際し，まず考えなければならないのは，世界経済の構造変化である。日本は，「外圧なくして変われない」と言われてきた。前例に倣い横並びが原則だという組織は，企業や官庁や学校の別なく見慣れた風景だろう。同業他社の動きに倣い，前例を踏襲する原則からは，何も変わらないことがベストだということになる。経済が右肩上がりのときにはそれで良かったかもしれない。しかし，危機が蔓延し，時々刻々と変貌する日常にいかに対応すべきかが日々問われる今日にあっては，これまでの悠長なやり方では，とても世界の情勢についていけない。

　変貌著しい世界にあって，かつての先進諸国と途上諸国といった分類はかならずしも有効ではない。2008年のリーマンショックを契機に，世界経済の司令塔がG7からG20に代わったことが示すように，新興諸国の経済的台頭に伴って，その政治的発言力も大きくなった。その中心的勢力は，中国や韓国やインドやイ

ンドネシアといったアジア勢である。

しかるに，日本は「1人負け」をきたしてはいないだろうか。この十数年，一国の経済力を示す GDP（国内総生産）はほとんど伸びていない。米ドル建てで換算すれば，円高によって計算上は伸びたものの，それは為替マジックであって，円高で計測した伸びはほとんどない。円建てで同じでも，為替が2割円高に振れれば，米ドル建て表示は2割増しになる。一国の対外競争を決する武器は，かつての関税ではない。通貨戦争（＝為替戦争）こそが最大の前線である。

しかしながら，現代の世界の変貌や激動を眺める日本社会側の支配的な眼差しには大きな誤解があるように見える。日本はかつての冷戦下において，資本主義陣営に属し，ベルリンの壁崩壊に始まり旧ソ連邦崩壊に至る共産主義崩壊（1989年～91年）という歴史的ドラマの中で，資本主義日本は「勝ち組」だという認識がそれである。

したがって，2012年9月の中国の反日デモや尖閣諸島の日中対立に直面しても，日本人は，日米同盟を信用して中国と対峙し，日米同盟さえ堅持すれば，あとはなんとかなるといった，安易な考えを抱いてはいないだろうか。「アメリカが助けてくれる」といった，何の裏付けもない考えの是非を疑おうともしない。

この日本の希望的観測とは裏腹に，アメリカと中国は，「チャイメリカ」と表現されるように，経済的統合が進んでいる。中国の対米輸出の担い手の多くは米系多国籍企業（multinational corporation）であり，米中取引は，貿易でも投資でもきわめて大きい。さらに，中国は最大の米国債保有国である（1980年代

3-2/ 日米中トライアングル   129

図 3-1：アジアにおけるアメリカのパートナー（アンケート調査）

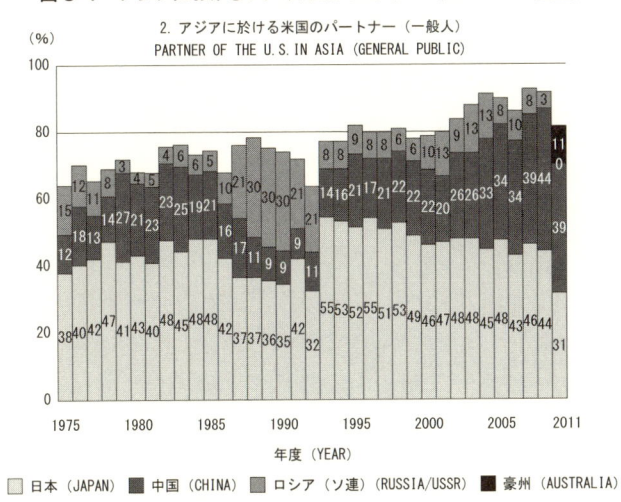

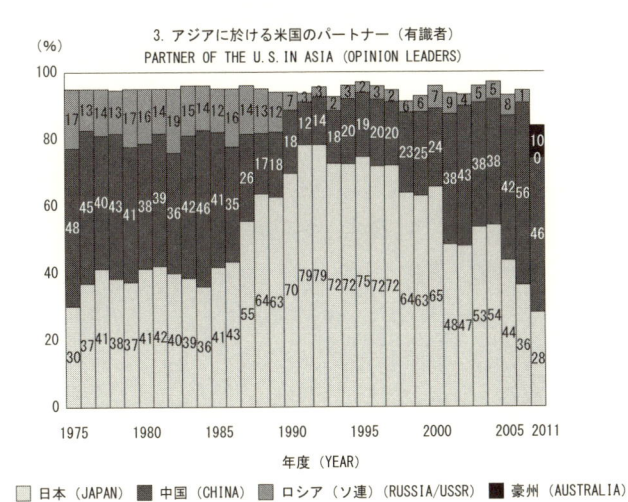

2. アジアに於ける米国のパートナー（一般人）
PARTNER OF THE U.S. IN ASIA (GENERAL PUBLIC)

□ 日本（JAPAN） ■ 中国（CHINA） ■ ロシア（ソ連）(RUSSIA/USSR) ■ 豪州（AUSTRALIA）

3. アジアに於ける米国のパートナー（有識者）
PARTNER OF THE U.S. IN ASIA (OPINION LEADERS)

□ 日本（JAPAN） ■ 中国（CHINA） ■ ロシア（ソ連）(RUSSIA/USSR) ■ 豪州（AUSTRALIA）

出所）http://www.mofa.go.jp/mofaj/press/release/24/5/

の日本から，その地位は代わった）。

つまり，世界最大のGDPを有するアメリカ市場なくして中国経済は成立しないし，「世界の工場」中国で作られる商品なくしてアメリカの消費生活は成り立たない。チャイナマネーの流入なくしては，米国債の相場維持は困難であり，米ドル相場の行方もチャイナマネーが握る。これら核保有国の米中が，日本の尖閣諸島という無人島を挟んで，激突するリスクを冒すだろうか。

アメリカで，アジアにおけるアメリカのパートナーのアンケート調査が行なわれた。有識者向け調査では2010年に（日本36％，中国56％），一般人向け調査では2011年に（日本31％，中国39％）と，いずれも，中国が日本を抜いていることが分かる。圧倒的多くのアメリカ人がアジアのパートナーは日本だと答えた時代とは，隔世の感がある（図3-1参照）。

このデータは，「日米同盟」しか脳裏に浮かばない多くの日本人にとって，意外な，あるいは信じたくないショッキングなデータに見えるにちがいない。

「アメリカ好きの中国憎し」の感情が日本社会全体に蔓延している。まるで，1930年代後半，日中戦争に突き進むときに日本社会を覆った「暴支膺懲」という掛け声を彷彿させるかのようである。しかし，30年代でも，中国国民党党首／蒋介石の妻の宋美齢を先頭にしたパンダ外交等の情報戦で，中国は米中融和という外交戦を優位に進めていたということを忘れるべきではない。

◎産業構造の大転換

そもそも，脱冷戦期における産業構造の転換がもたらした日本のポジションの大きな変容ぶりに，日本社会はあまりにも無頓着

ではないだろうか。多くが固執する考えを，一言で表わせば，日本がアジアで唯一の先進国であって，ほかのアジアは途上諸国だという認識である。現実の変化（change of fact）は急速だが，思考の変化（change of idea）は難しいことを痛感する。

戦後長い間，日本だけが OECD の加盟メンバーであり，唯一の G8（先進諸国財務相・中央銀行総裁会議）メンバーであり，唯一のサミット（先進諸国首脳会議）メンバーだったという自負も影響しているだろう。さらに，GDP も対外債権額も，アジアでは日本が圧倒的存在だった。そこから抽出される自画像は，経済大国，債権大国であり，南北問題的認識では，アジアで唯一の「北」が日本で，その他のアジアは「南」に属する途上諸国だった。

しかしながら，現実は大きく異なっている。焦眉の急は，戦後の日本が得意としたモノ作り国家の行方である。日本では，製造業における雇用数がピークを迎えるのは，1992 年のことで，アメリカの 1966 年とは 26 年の差がある。つまり，アメリカでは 1960 年代に，脱工業化（サービス経済化）へ舵を切ったが，日本では，それから 4 半世紀を経て，漸く，サービス経済化への転換が始まったのである。一方，製造業はどうなったかと言えば，円高や内需不振によって，低賃金労働と市場の消費熱に沸くアジアへシフトし，その結果，2005 年の数字で，製造業従業員（海外店も含む）の 30％が外国人である（総務庁統計局『労働力調査』2011 年，および小熊英二編著『平成史』2012 年，参照）。

日本在住の外国人比率は，一番多い東京都で人口比 3％を占める程度にすぎない。この数字に比べれば，30％という数字は，いかに製造業の海外進出が盛んであるかを教えてくれる（2007 年

の数字，法務省『外国人登録者統計』）。

この意味合いは大きい。欧米が脱工業化へ向かうなかにあって，日本は，まだまだ製造業の比率が高く，1970年代のオイルショックをへても，石油節約技術が進展し，脱工業化へという進路変更は，産業界における合意とはならなかった。そして，2008年9月，リーマンショックが襲ったとき，それは過度な金融依存や投機経済がもたらした災禍であり，だからこそ，日本は伝統的な「モノ作り経済」に帰ろうといったスローガンが闊歩した。

しかしながら，日本の「モノ作り」への回帰を説く前に，製造業の現状を知る必要性を痛感する。総務省の発表データによれば，2012年12月の数字で，製造業就業者数は，998万人となり，51年ぶりに1,000万人を切ってしまった。製造業就業者数のピークだった1992年10月の1,603万人から，20年あまりで4割近くも減ったことになる。ちなみに，就業者全体に占める製造業の割合の推移では，最も高かった1970年代前半の27%超から，2012年末には16%にまで落ち込んだ（『日本経済新聞』2013年2月1日夕）。

製造業が戦後の日本経済を牽引する一時期を築いたことは確かだが，どんなに「モノ作り」を叫んでも，いまや16%のシェアを占めるにすぎないのである。もはや，製造業は雇用の受け皿として十分なキャパシティをもつものではない。すでに，産業構造は，圧倒的にサービス業にシフトしてしまっている。

縮小する日本の内需不振を見限って，成長の続くアジアへの製造工程の移転が進み，国内工場の縮小や国内雇用の削減が続くなかにあって，その競争に勝ち残る切り札は何なのかが，多くの日本の製造業企業が直面する課題だろう。かつての made in Japan

の栄光に，感傷的に浸ることでは，展望は生まれない。

同様の文脈はアメリカにもあった。1980年代のアメリカでは，空洞化論議の旋風が吹いた。空洞化とは，米系多国籍企業の海外投資が加速し，その結果，アメリカ国内が空洞化を余儀なくされるという不安だった。クリントン政権で労働長官を務めたロバート・ライシュは，海外投資に熱心な米系多国籍企業と，対米投資に熱心な外国企業はどちらがアメリカの経済に貢献するかを問うた（「Who is us?」論）。ライシュは，雇用を創出する後者に軍配を挙げた。空洞化論議に結論が出ないまま，アメリカ経済のサービス経済化は徐々に進んだ。

アメリカ経済の空洞化に対応したのが，日本の工業化である。多国籍企業の下請けとして機能する日本工場群のOEM生産（他ブランド名による注文生産）が勢いを増した。日本の製造業メーカーは，日本の大企業の関係会社としてではなく，アメリカの大企業に部品を納入する下請けとしてOEM生産されたのである。一例として，GMのエンジンは，同技術に定評の高いスズキが供給するといったものである。

今では，ポピュラーな話だが，自動車の表面はGMだが，ボンネットを開ければ，多くのメーカーの部品満載で，made in Americaを探すのは難しいといった具合だった。いま，パソコンの中身を空けてみれば，made in Chinaの部品が詰まっている。

それだけではない。アメリカの製造業多国籍企業の経営姿勢には，製造業自ら，サービス化を取り込んで生き残りを賭けるという積極姿勢がある。たとえば，製造よりもインターネット・ネットワークをビジネス化したIBMの事例に見られるように，サービス化を取り込んだ「モノビス化（モノ作り＋サービス化）」と

して生き残りを賭けるという指摘もある（関下稔『21世紀の多国籍企業』文眞堂，2012年）。だが，果たして，そのようなグローバルな展開を踏まえた「モノビス化」が日本企業に可能だろうか。小首を傾げざるをえない。

1980年代の大幅黒字による日本の債権大国化は，世界中の目を，ジャパンマネーの席巻ぶりに惹きつけた。ロンドンにおいて低金利でのユーロ債市場（その中心はワラント債や転換社債といった株式転換債）で，旺盛な起債を繰り返し，巨大なマネーを調達したのも，日本の金融機関や金融子会社だった。そのメカニズムの中枢に座ったのが，未曽有の好調を続けた日本の株式だった。いわゆるバブル経済である。東証は強気一方で，土地を保有するというだけで，収益がないにもかかわらず，株価は高騰を繰り返す異常な展開が続いた。

しかし，このような日本の工業化がアメリカ多国籍企業の下請けとして機能し，その結果，巨大な黒字を創出するという展開は，冷戦下という世界的システムの下で初めて機能したのである。

脱冷戦期に入ると，このネットワークは必要性が後退する。なぜなら，中国やベトナムといった社会主義諸国が市場経済に参入し，日本の代替として機能するようになれば，この日本とアメリカとの分業関係は，変化せざるをえない。必ずしも，日本企業へ発注する必要はなくなり，日本企業が受注するにしても，日本で生産する必要はなく，中国やASEANにある日系工場で生産し，それを北米やヨーロッパの消費地に向けて輸出することもある。いずれにせよ，生産を請け負う工場としての日本の存在感は落ちる。

こうして，冷戦後にあって，米系多国籍企業，さらには日本の多国籍企業も，続々と，活気に沸くアジアへ進出していった。そこには，円高，低賃金，投資優遇策，市場の拡大等々，海外進出を狙う企業にとって，刺激的な要因が揃っていた。

こうして，貿易立国日本という性格規定は，次第に投資立国へと変貌し，ついには，2011年，日本の貿易収支は，1980年以来31年ぶりに赤字に転落したのである。しかし，投資収益の黒字（海外に進出した企業の収益）によって，経常収支は黒字を守った。

こうした関係は，一見，貿易立国から金融立国へと，日本が歴史的推移を辿っているかのような印象を与えがちである。しかしながら，投資収益といっても，日本の海外工場や事務所が稼ぎ出す収益が中心で，換言すれば，国内ではなく海外で「モノ作り」を行った結果にすぎない。国内で作ったモノは貿易に関わるが，海外で作ったモノは投資収益にカウントされる。もっとも，それが国内からの海外子会社向け輸出を誘発すれば貿易にも関わるが，いずれにせよ，貿易立国という基本性格は続くことになる。

◎日本のポジション

冷戦後，どのように世界の政治経済的構図は変わったのか。日本では，そういった認識は希薄である。ただ，冷戦の「勝ち組」にいたという認識だけは強い。しかし，それは誤解ではないか。事情はもっと錯綜する。

1980年代には，アメリッポンやジャパメリカ，さらにはG2体制まで，日米連携が声高に奏でられたが，21世紀の今日，その声は，チャイメリカに変わった。日本では，専ら，日米 vs. 中

国というpictureで，東アジアの構図を考える傾向があるが，世界では，とりわけアメリカでは，米中接近の構図がかなり顕著になっているという現実を知る必要がある。

　正確な事実の検証を抜きに，希望的観測を続ければどうなるか。1944年7月，日本の敗戦の1年以上も前に，連合国軍はアメリカブレトンウッズに集まり，戦後体制を議論していた。米代表のホワイトと英代表のケインズが論戦を交わしたIMF体制はここで決まったのである。

　一方，そのとき日本を覆っていた空気は，敗戦の事実は転戦と称して隠蔽され，専ら，玉砕に向かう道を進んでいた。この温度差を理解することほど重要なことはない。なぜならば，東京をはじめとする大都市空襲も，広島・長崎への原爆投下も，敗戦までの1年間に起きたからである。

　そもそも日米安保にしてからが，多くの日本人はアメリカが日本を守ってくれると認識しているようだが，アメリカでは日米安保や米軍の役割といえば，専ら，「ビンの蓋」論である。つまり，在日米軍は，日本の軍国主義が復活しないように，ビンを閉める蓋の役割を果たしている，ということは半ば常識である。その安全弁がなければ，日本軍国主義が復活するかもしれないというものである。

　冷戦後におけるアメリカの日本認識が大きく変わったことを，ちゃんと認識する必要がある。同じ資本主義同士といっても，それだけでは，混沌とした冷戦後世界の錯綜した政治経済的利害関係を理解することはできない。

　アメリカでの論調は，アメリカが長年，ソ連と対峙している間，日本は，その経済的利益を独り占めしてきたのではなかった

かという疑惑である。日本は軽武装化し，専ら経済活動に精力を集中させてきたからこそ，世界最大の債権国に浮上した。その反面，アメリカは債務国に転落するほどの痛手を負った，というわけである。

しかし，資本主義と共産主義という政治的対立の去った脱冷戦下では，経済的対立の解決こそが最優先の国益に適うものだろう。そのために，CIA活動は，かつて冷戦下では政治的情報収集が中心だったが，今や経済的脅威に関する諜報である。

1990年代になると，日本は市場に重きを置く通常の資本主義国ではなく，政治的処方箋によって人為的に強制しなければ，不均衡は調整することができないという「日本見直し論」（revisionism）が浮上した。市場メカニズムが働かない国だからこそ，人為的強制によって，日本の構造を変えなけれなばらないとするものである。もしも，この「日本見直し論」がなければ，ソ連消滅によって，CIA不要論はもっと台頭していただろう。そうならないために，旧ソ連の代役を日本が担う結果となったのである。さらに，ブッシュ政権下では対テロ戦争が，軍事予算やCIA予算に大義名分を与えることになった。

結局，日本のGDPが伸び悩み，給与所得が減り続けたこととは裏腹に，外資の比重は急速に増え続けていった。かつて閉鎖的だと揶揄された日本経済の中枢には，外資系企業や外資系ファンドの姿が目立つ。そこには，ヘッジ・ファンドから不動産ファンド，さらにはPEF（private equity fund）という未公開株（private eqity）を買収して，経営を改善して上場株式（public equity）として，上場利益を稼ごうとするファンドまである。

さらに，銀行や生保，流通も高級ホテルもファストフードも，

あるいは日本企業という名こそ残すものの，実質的所有者は外資系だという企業は数多い。かくて，日本の企業系列が閉鎖性の元凶だと叩かれた論調は消えていった。

たとえば，この十数年間，ホテル業界を眺めれば，かつての御三家（帝国，オークラ，ニューオータニ）はかならずしもトップというわけではない。欧米系は，リッツ・カールトン，インターコンチネンタル，ヒルトン，シェラトン，ウェスティン，セント・レジスと，いずれもここ十数年に進出したものである。華人系は，シャングリラ，ペニンシュラ，オリエンタル・マンダリンのトップ3が進出済みである。巻き返す国内勢も，2012年には，パレスや東京ステーションの各ホテルが新装開店した。

かつて上海の大学に客員教授として招聘され，講義をした折り，その休憩中に，「日本人は日米が資本主義で一致し，共産主義中国は異質だと考えているかもしれないが，集団主義か否かという分類では，米中は理解しあえるが，日本人は異質だ」と言ったアメリカ人教授がいた。「Really?」と著者は返したが，そう言ったアメリカ人の薄ら笑いが印象に残っている。22年前のことである。

3-2 の課題

1 | 日本の代表的多国籍企業を例にとり，どのような海外ネットワークをもち，どのような雇用事情であるかを調べてみよう。雇用だけでなく資本所有や役員構成まで，有価証券報告書やHPで調べてみよう。意外な企業像が発見できるかもしれない。
2 | 1990年代初頭には，「ジャパンマネーの日本回帰」とも言われたが，ここ数年，「グローバルな人材」「再度のグローバル化」といった言葉が聞かれる。その反面，若者の内向き志向が話題となり，海外と言えば，「拉致」「テ

ロ」の悪辣なイメージが先行し，日本人留学生の数も減少している。皆さんはどう思うか。

3　日中関係は，つねに米中関係に準じる関係として性格づけられてきた近代史を忘れてはならない。戦前の轍を踏まないという教訓を，改めて学ぶべきである。日中関係は，米中関係とどう異なるのだろうか。多くの日本人は，日米か日中かと考えがちだが，米中関係に考えが及ぶことは少ない。米中の利害は一致する局面が広がると見る「チャイメリカ」という認識に対しては，皆さんはどう思うだろうか。

3-3/ 挫折した日本のアジア戦略

◎幻に終わった「8番目の先進国」

第1章で述べたように,過去の歴史的事実の解釈は,時間の経過とともに,変わることがある。かつて「貧困の悪循環」(ヌルクセ)と称されたアジアも,近年では,「リオリエント」(フランク)や「東西逆転」(プレストウィッツ),「アジア三国志」(エモット)といった好印象の言い回しがポピュラーになっている。

より最近では,先に指摘した「チャイメリカ」(米中利害の統合化)という表現で名を馳せた歴史家ニーアル・ファーガソンが,西洋優位時代の終焉が近いことを予想している(『文明』勁草書房,2012年)。

ここでは,1997年から98年にかけて起こったアジア通貨危機について考えてみたい。1990年代,アジアはASEANやインドを含め,エマージング市場(emerging markets)と称されるようになった。そこには,輸出志向経済というニュアンスを付されたNIEsとは異なり,開放された資本市場を活力源とし,そこに外資を呼び込む姿勢が喧伝された。輸出立国よりも,むしろ金融立国路線イメージが強かった。バンコクでも,「第2の香港」「第2のシンガポール」へという掛け声が躍った。

たとえば,「8番目の先進国」とまで称されるほどの経済成長に沸いたタイでは,楽観がすべてを覆った。海外から,低金利の

3-3/挫折した日本のアジア戦略　141

外貨建て短期負債を借り入れ，タイ国内の株式や不動産で資産運用するというパフォーマンスが，典型的な収益方法だった。米ドルとタイバーツとの安定的な為替相場がそうした行為を可能にした。両者の為替相場が安定的な場合，内外金利差は容易に収益源と化したからである。

ところが，そこに落とし穴があった。1997年〜98年のバーツ危機（為替と株価と不動産の暴落）である。メカニズムは簡単だった。非居住者の投機家は，大量のバーツを借り受け，それを市場で売り浴びせて外貨（米ドル）に換え，バーツの価格が下がった時点で借入金を返済する。鍵は，非居住者による借入自由化だった。

たとえば，1ドル＝40バーツのときに，40億バーツを借り入れた非居住者の投機家が市場で米ドルに交換すれば，1億ドルを保有することになる。その後，市場がバーツ安に動き，1ドル＝50バーツになったとしよう。当該1億ドルをバーツに交換すれば50億バーツになってしまう。ただの為替交換だけで，10億バーツが濡れ手で粟の儲けとなる。非居住者による借入額が大きければ大きいほど，この投機行為は投機利益をもたらすことになる。

もちろん，この場合，バーツが下落すれば，という読みが当たるかどうかが鍵になることは言うまでもない。投機家の予想が外れ，1ドル＝30バーツというバーツ高に相場が振れれば，為替差損が発生する。1億ドルは30億バーツになり，借り入れた40億バーツに10億バーツも足りないことになってしまう。

欧米のファンドや大手銀行は東南アジアの通貨危機を利用して，アジアの暴落（山一證券株の暴落も一例）から，デリバティ

ブ（金融派生取引）による巨大な収益（相場の下げで儲ける）を上げた。一方，外貨建て負債を負うタイ居住者は，運用していた資産（地価や株価）暴落に加え，バーツ暴落によって負債返済の実質負担が増大した。

たとえば 1 米ドル＝ 40 バーツが 1 米ドル＝ 50 バーツになれば，同じ 1 億ドルの負債を返済するのに，40 億バーツから 50 億バーツへ，借り手の返済負担は 25％も増すことになってしまう。

要するに，自国通貨が暴落に転じるということは，外貨建ての資産をもつ投機家には暴利をもたらすが，外貨建て負債を負う借り手には巨大な返済負担となって跳ね返るということである。為替相場ひとつの乱高下で，天と地ほどの違いである。為替リスクの恐怖のほどが分かる。

外貨建て資産を保有する場合は，外貨の下落（自国通貨の高騰）が資産減少を強いる。円高は，米ドル資産やユーロ資産を保有する投資家の資産を痛撃する。しかし，外貨建て負債をもつ借り手への影響は逆で，自国通貨の高騰は負債を減らすが，自国通貨の下落は負債を重くする。タイの借り手の場合が，まさにそうだった。

日本では，そうした話を「陰謀論」だと幼稚な反応を示すことが少なくない。しかし，それは，陰謀ではなく戦略である。そもそも収益を上げるのに，何のシナリオも何の戦術もないままに，市場に向かえば，そこでの競争に負けてしまう。タイバーツもインドネシアルピアも，さらには山一證券株も，借り受けた通貨（もしくは株式）を大量に市場で売り叩き，価格が暴落した時点で，当該通貨（株式）を買い集め，元の貸し手に返済すれば，大儲けである。

日本市場では，価格の下落が，投機家に暴利をもたらすことが理解されないことが多い。上がれば利益だが，下がれば損失だというのが，長年の日本的商慣習だったからである。とくに，株式持ち合いを専らとする株式所有構造にとって，株価の上げは相互利益だが，株価の下げは相互不利益をもたらす。

　同様に，1980年代後半に起こった，日本企業によるユーロ債（ワラント債や転換社債といった株式関連債）発行が殺到した背景には，株価の上げが専ら，超低金利での債券発行を可能にしたという事情もある。なぜならば，ユーロ債への投資家にとっては，株式転換後のキャピタル・ゲインこそが狙いであって，金利というインカム・ゲインは投資目的ではなかったからである。キャピタル・ゲインの儲けは，株価の上げから発生するものであって，株価の下げが利益をもたらすという関係は生じえない。

　しかし，市場をめぐる環境は変わったのである。株式を保有しない投機家が当該株式の下落に賭けて儲けを得るのが空売りである。たとえば，100円の株価のときに，当該株式を大量に借り受け，それを市場に売り浴びせ，価格が暴落したとき（たとえば10円）に買い戻せば，1株当たり90円の暴利を得ることになる。

　ここでは，100円の株価が10円まで下がるという読みが当たるかどうかが鍵となる。しかし，「次の倒産会社はどこだ」といった，市場での獲物探しが始まったら，市場を覆うパニックは容易には収まらないだろう。タイバーツが暴落した1997年7月にタイを覆った空気は，まさにそのようなものだった。バブルの最中に急成長を遂げた金融会社の一つファイナンス・ワン（Finance One）も，通貨危機の最中，崩壊した。銀行を含む地場の金融機関も次々に市場の標的となり，閉鎖が相次いだ。

著者は，バブル崩壊直後のバンコクを訪ねたとき，それまで建設ラッシュに沸いていた高層ビルが，借入資金途絶のため建設中断に追い込まれ，野晒しにされたビルの中にホームレスが住みつくという光景をいくつも目にした。中断されたビル建設の無残な現場や，突然路上に放り出された人々が，不良債権問題の深刻さを物語っていた。

暴落した資産の所有者は，負債の返済ができず，担保の資産を二束三文で投げ売りしてしまったにちがいない。それは，貸し手の金融機関から見れば，不良債権である。しかし，当該不良債権を底値で買った新たな投資家からすれば，市場価格が跳ね上がる前の高収益物権を手に入れ，濡れ手に粟ということになる。前者はタイの地場の投資家や金融機関であり，後者が欧米のヘッジ・ファンドや金融機関といった新規投資家だった。

しかし，何故か，不思議なことに，行き過ぎた自由化政策（非居住者による借入規制の自由化）こそがこうした悲劇を生んだ要因だという解釈が支配的になることはなかった。通貨や株式が大量に売却されるほどに，腐朽したタイ経済（一言でcrony）に問題があるという認識が支配的だった。

アジア通貨危機は，資本取引の過度な自由化が元凶だと言い切った政治家もいた。マレーシア首相のマハティールで，かれの打った手は，資本取引の規制強化に乗り出すことだった。アジア通貨危機からの脱出に成功したことは特筆に値する。そのマハティールの好意的日本観に基づく叱咤激励は，同『アジアから日本への伝言』毎日出版社（2000年）が興味深い。しかし，残念ながら，このマレーシアの採った資本取引規制強化策が，政策として国際的に議論されることはなかった。専ら，crony説に立

ち，したがって，規制撤廃と民営化推進という欧米から聞こえてくる発想が圧倒したからである。

その結果，タイやインドネシアや韓国といったアジア通貨危機の諸国で採用された基本政策は規制撤廃や民営化だった。そうした政策を後押ししたのが IMF だった。

これらは，欧米の紙誌で流布した一説だが，crony 批判については，その後，欧米こそ，そうした crony scandal が覆っているではないかという内部批判が出て，アジア批判としての説得力を失った。なぜならば，2001 年の 9.11 直後に発覚したエンロン事件，さらに 2002 年にワールドコム事件と続き（いずれも，電力自由化で躍進したエネルギー＆IT 企業），崩壊した原因は粉飾決算だったからである。

さらにはイラク戦争でポピュラーになったチェイニー副大統領をはじめとする軍需企業との人脈等，米大企業と政権との癒着が取り沙汰される大企業が続いた。いずれも，日本の「天下り」に似た「回転ドア」と称される腐敗ぶりが暴露された。こうなると，crony はアジアの専売特許ではなくなった。

一方の「邦銀主犯説」はどうか。「邦銀主犯説」の根拠は，アジア危機に襲われた国向けの，国籍別銀行貸付残高で，アジア通貨危機を境にして最大の収縮ぶりを示していたのが邦銀だったからである。それを論拠に，邦銀の貸付債権回収が危機の引き金になったという説が幅を利かせたのである。

邦銀が債権回収に動いたのは事実だが，邦銀が引き金だったわけではない。邦銀の貸付が巨大だったのは，そこに借り手がいたからで，それは，タイをはじめ，ASEAN 各国に進出した日系企業が，多くのローカルなビジネスに根を張っていたということで

ある。だから，バーツ危機で景気後退が明らかになると，その貸付が不良債権化し，貸付継続の困難性が明らかになってしまったのである。

かくて，邦銀は貸付を縮小せざるをえなかったが，それはあくまで危機への対応であって，危機を創造するだけの力量はなかった。あれだけ大量のバーツを市場で売り叩くには，それだけの市場合理性が必要だが，下落で儲けるテクニックに習熟していなかった邦銀に，それだけの投機を仕掛ける能力があったとは思えない。ただ，残念ながら，著者は，欧米で流布された「邦銀主犯説」に反論する邦銀系エコノミストを見たことはなかった。「邦銀主犯説」への批判を展開する著者の主張に関心を示したのは，カリフォルニア大学リバーサイド校の研究者たちだった。

かつてフォーリン・アフェアーズ誌に掲載されて話題を呼んだクルーグマンの「生産性上昇なきアジア経済」という予言が当たったものだという認識さえ再登場した。さらに，当時のグリーンスパンFRB議長が総括したように，通貨危機は東アジアにとって近代化への一里塚であり，旧式な間接金融システムから，より近代化された資本市場中心のシステムへ変貌を遂げる過程にあるという認識もあった。

しかしながら，結局のところ，チャルマーズ・ジョンソンの，アジア通貨危機とは，アメリカのファンドや金融資本による「史上最大の資産移転」(『アメリカ帝国への報復』集英社)だったという総括が最も本質をついている。

チャルマーズ・ジョンソンは，アジアの大都市の目抜き通りにある不動産や老舗企業が，次々とタダ同然の価格でアメリカの投資家に移転する過程に着目した。株価や地価の暴落と通貨の暴落

が重なれば，破格の安値で所有権が移転する。これを，ジョンソンは，美味しい獲物にたかる「ハイエナ資本主義」と呼んだ。これが不良債権ビジネスの本質である。通貨が暴落し，資産価格も暴落すれば，驚異的な安価で，資産が購入できる。昔は高嶺の花だった資産が，暴落した価格で手に入るとなれば，多くの新規投資家が蜜を求めて集まる蜂のように，大量参入してきたのも，頷けるだろう。

　不良債権を山積させた長銀や日債銀，さらに日本コロンビアやホテルのシーガイヤが，次々と安値で外資ファンドの手に落ちていくという日本で見慣れた風景も，多くのアジアで展開した不良債権ビジネスに似る。

　とはいえ，アジアの興味深い点は，アジア通貨危機（1997年～98年）以降，そして2008年のリーマンショック以降も，景気はV字回復を遂げたことである。当初は，先進諸国経済と新興諸国の景気動向は連動すると見なすカップリング論が支配的だったが，景気低迷から脱することのできない先進諸国を尻目に，新興諸国は景気回復の様相を見せた。2011年実績でも，2012年以降の予想でも，IMFの見通しでは，ユーロ圏が軒並みマイナス成長への転落が見込まれるなか，高い成長率が，中国，インド，ASEANの順で続いている（*World Economic Outlook*, various issues）。

　所得のある中間層（ボリューム・ゾーン）の拡大によって，アジア市場が膨れ上がり，それによって，アジアの堅調な消費能力が好感され，欧米が不景気でもアジアは堅調だというデカップリング論に支持が集まる。

◎日本のアジア戦略の失墜

通貨危機で失墜したのはタイばかりではない。日本のアジア戦略も同様だった。元々，日本は，1980年代に債権大国化したにもかかわらず，日米貿易摩擦ばかりで叩かれる（ジャパン・バッシング）日米交渉に疲れていた。さらに，EU（欧州連合）やNAFTA（北米自由貿易協定）といった共同体結成のブームという時代の空気も手伝い，日本も，東アジアとの連携に乗り気になっていた。

まず手を組もうとした相手は，オーストラリアだった。1989年に結成されたAPEC（アジア太平洋経済協力）構想の出発は，日豪の連携で東アジア諸国に限定して共同体を作ることだった。日米貿易摩擦続きの日本と，EU接近で旧英連邦離れを強めてい

表3-2：アジア通貨危機前後の歴史

1989年	11月	第1回APEC閣僚会議
1993年	9月	世界銀行「東アジアの奇跡」公刊
1995年	11月	APEC大阪会議ビル・クリントン米大統領欠席
1996年	2月	大和銀行アメリカ撤退
1996年	11月	橋本龍太郎首相による金融ビッグバン宣言
1997年	7月	タイバーツ暴落（アジア通貨危機の幕開け）
1997年	9月	G7でAMF構想拒否
1997年	10月	江沢民中国国家主席アメリカ訪問
1997年	11月	山一證券「自主」廃業
1998年	6月	ビル・クリントン米大統領中国訪問
2001年	1月	大蔵省廃止で，財務省へ変更（英語名はいずれもMOF）
2001年	4月	小泉純一郎首相就任，竹中平蔵経済財政政策担当大臣就任
2002年	9月	竹中平蔵金融担当大臣兼任
2005年	12月	第1回東アジア・サミット開催
2008年	9月	リーマン・ショック

出所）著者作成。

た英国との関係が疎遠になりつつあったオーストラリアで利害の一致があったからである。しかし、それを、APEC 結成前に知ったアメリカは、アジアからアメリカを追い出す「アメリカ外し」だと、激怒した。同時に、アメリカのメディアからは、東アジア共同体構想は、円圏構想だという日本批判が盛んに聞こえてきた。アジアは、概ね、米ドル取引が圧倒的であり、円圏への推移は、アメリカの利害と抵触する。

そうした思惑からか、アメリカは APEC 結成時から公式メンバーとして強行にねじ込んできた。しかし、そもそもの発案がアメリカではなかったため、東アジア・グループ（EAEC）の結成に熱心だったマレーシア・マハティールとの摩擦や、1995 年の大阪 APEC へのクリントン米大統領欠席といった経緯を辿った。元々、APEC 結成そのものがアメリカの発意ではなかったため、どういうシナリオを描いて、共同体を作るのかについて、具体的なイメージを欠いていた。さらに、APEC には次々と参加メンバーが増え、共同体の求心力を弱めていった。

こうして、APEC 結成は当初の思惑通りに進まなかったが、日本の官僚諸氏は東アジアのガヴァナンスという野心をすぐに諦めたわけではなかった。まずは、世界銀行に根回しして、なんとか市場優位のアングロサクソン・モデルとは異なる政府ガイダンス主導というアジア・モデルの存在（その原型は日本モデル）を権威付けしてもらおうと画策した。しかしながら、それも失敗し、1993 年に公刊された世銀報告書『東アジアの奇跡』(The World Bank, *The East Asian Miracle*, Oxford University Press, 1993) では市場モデルの果たした役割が強調された。

世銀の姿勢は、政府ガイダンスは、市場に有効に働く場合もあ

れば，そうでない場合もあるといった，「市場フレンドリー・アプローチ」だと要約される。1995年の大和銀行事件で，アメリカからの大蔵官僚叩きが沸騰したのも，こうした伏線があったからだろうと推測される。

転機は，1995年だった。大和銀行事件をめぐって日米対立が起こった。大和銀行ニューヨーク店が関わった米国債取引の損失を，米通貨当局に報告しなかったとする罪過で，支店長や当該ディーラーが逮捕され，翌年，大和銀はアメリカ撤退を余儀なくされた。しかし，アメリカは，一民間の銀行云々ではなく，その背後で大和に指示を出していた大蔵省に狙いを付けていた。

当時の紙誌を眺めれば，大蔵省の指示に基づき，大和の取引行為がアメリカの法律に抵触したとすれば，大蔵省自身から逮捕者が出る可能性はあるのかどうか，少なくとも，大蔵省はそうした可能性に怯えていた。もしもそうした事態になれば，大蔵省は米国債を売却するという論理で対抗すると，噂された。

何が正しいのか。何が正義なのか。その帰趨は情報戦で決まる。現実は単純ではなく，白でも黒でもない。灰色が白になるか黒になるかは，情報戦で決まることが多い。情報をめぐる存亡を賭けた政治力学こそが，雌雄を決するのである。

ピークは，1997年9月，香港で開催されたG7だった。そこで，IMFとは独立したアジアの通貨機構として，日本考案のAMF（アジア通貨基金）が提案された。しかし，アメリカの強硬な反対と，中国の沈黙によって，潰された。AMFは，通貨危機に対処するために，IMFからは独立してアジア域内で資金援助を行い，地域の資金不足に対処するというアイデアだったが，IMFの機能を阻害するものだという理由で圧殺された。

さらに，AMFの想定する出資金の多くが，日本側によって賄われ，しかも円建てで出資されようとしていたことが，アメリカを激怒させた。この日米交渉の実際の経緯については，当時財務官として交渉に当たった榊原英資が詳しい（榊原『日本と世界が震えた日』中央公論新社，2000年）。

こうした一連の歴史的経緯を振り返りながら，日本の国家としてのグランドデザインを描くべき立場にいた官僚諸氏の思惑は何だったのか。少なくとも，この頃までは，アジア型の原型を，戦後に成功した日本型（その中心は，政府や行政によるガイダンス主導の資本主義モデルで，アメリカの市場原理主義とは一線を画する）だとして一般化したい，という野心があった。

それが，アカデミズムで一世を風靡した雁行発展論（雁の群れを率いるトップが日本で，順次，NIEs や ASEAN や，そして最後に中国に波及するというアジアを想定した経済発展モデル）と合わさって，アジアの共同体構想のアイデアが醸成されていった。そして，この頃までは，マハティールの「Look East Policy」のように，高く評価する向きもあった。さらに，英国が完全に EU のメンバーとなり，旧英連邦の実質が形骸化するなかで，地理的にアジアに位置するオーストラリアの日豪主導を好感する思惑も手伝った。

しかし，そうした日本の官僚諸氏の意向に，待ったをかけたのが米中連携だった。米中に共通する思いは，東アジアで日本が先頭に立って，あるいは主導して共同体を結成するのは好ましくないということである。さらには国家主席のポジションにいた江沢民の「日本嫌い」という個人的思惑も作用したにちがいない。

AMF が頓挫した直後の 1997 年 10 月の訪米時，江沢民中国国

家主席がハワイ真珠湾に立ち寄ったのも，第2次大戦で日本とともに戦った米中連携の歴史を強調するための演技だったと思われる。その返礼に，翌1998年6月には，クリントン米大統領（当時）の訪中時は，日本は素通りされた。この頃から米中関係は，戦略的パートナーシップと称されるようになった。2012年11月に中国国家主席に就いた習近平が，江沢民の人脈だということを考えれば，今後の日中関係の難航が予想される。

ダメ押しとして言えば，タイバーツやインドネシアルピアが暴落する一方で，香港ドルがなぜヘッジ・ファンドの標的にならなかったのか，そこには米中の政治的交渉（もしもヘッジ・ファンドが香港ドルを叩き売るならば，中国は米国債を叩き売る）がモノをいったと言われる。香港ドルは，米ドル・ペッグ制で米ドルと固定でリンクしており，香港ドルを媒介に，中国は世界とつながるという構造（貿易や投資）の変更とは，中国の死活に関わるからである。この点については，第4章で述べたい。

2004年9月，このノンフィクションを中国人民大学の大学院生相手に集中講義を行ったとき，かれらに拍手喝采されたことが記憶に残っている。国際金融のメカニズムの詳細は知らずとも，アメリカのマネー・パワーに屈さなかったことで，中国のナショナリズムが刺激され，溜飲を下げたからだろう。

◎アジア戦略の不在

かつて日本側にあった一連のアジア戦略は，2001年以降の小泉・竹中路線によって，完全に袋小路に入った。小泉首相は，日米一辺倒で，「日米がうまく行けば，アジアはうまく行く」という表現を多用した。そこには，アジアへの独自外交を試行する姿

勢はまったくなかった。かつての田中角栄の電撃訪中による日中国交回復（1972年），福田赳夫のASEANドクトリン（1977年）といった独自外交を試行した時代と比べれば，その大きな落差に気付く。

しかし，それはかならずしも首相就任当初からそう思っていたわけではない。当時の外務省アジア太平洋局長だった田中均に指示し，2002年9月の電撃的北朝鮮訪問を果たし，日朝国交回復を実現したいという野心があった。しかし，訪朝によって明らかになった拉致問題の顛末，およびミサイル開発への資金提供になりかねない北朝鮮との国交回復に異を唱えるアメリカの強硬姿勢（2002年9月の電撃訪朝直前に行われたニューヨークでの小泉・ブッシュ会談）を前にして，歴史に名を残すべく，北朝鮮への電撃訪問を押し進め，日朝国交回復を実現しようとした小泉外交は挫折したのである。

2005年12月には第1回東アジア・サミットが開催されたが，それへの確たる戦略は見えない。「ASEAN+3」という枠組みでは中国に主導権をとられかねないことを怖れ，公式メンバーとしてのアメリカの参加に拘泥する日本の主張からは，かつての戦略や自負は伝わってこない。

しかも，アメリカ・モデルとは異なるアジア・モデルの可能性云々といった論議そのものがほとんどなくなった。小泉・ブッシュ会談直後の2002年9月末に内閣府特命担当大臣（金融担当）に就任した竹中平蔵のイニシャティブ（当時流行ったスローガンが「不良債権処理なくして景気回復なし」）によって，不良債権処理が加速し，当該不良債権の買い手として外資系ファンドの市場参入が顕著になった。

日本における fund capitalism の席巻であり，日本経済へのアメリカ・モデルの採用だった。1996 年の橋本龍太郎政権が宣言した金融ビッグバン以降も，なかなか進捗しなかった不良債権処理をブッシュ政権が猛烈にプッシュした結果だと言われている。かつての日本金融の護送船団を率いた大蔵省は解体（2001 年に財務省へ）され，金融行政トップは財務省ではなく，内閣府特命担当大臣であり，大臣が所管する組織が金融庁ということになった。小泉政権で竹中平蔵が辣腕を振るった部署である。

ところが，あれほど日本で叩かれた国家による大規模な市場介入は，リーマンショック以降，アメリカでもヨーロッパでも財政赤字を肥大化させる程で，ソブリン・リスクを危うくする要因と化している。そして，皮肉にも，政府ガイダンスを特徴とする北京流「中国モデル」を指して，「北京コンセンサス」（The Beijing Consensus）という標語すら聞かれる（ステファン・ハルパー『北京コンセンサス』岩波書店，2011 年）。さらに，「中国世界システム論」という語彙すら聞こえるようになった（パミラ・カイル・クロスリー『グローバル・ヒストリーとは何か』岩波書店，2012 年）。

元米国務長官ヒラリー・クリントンは，アジア太平洋経済の好調ぶりに関心を示しながら，アメリカの経済力や政治力，さらには精力や関心を，最も活力に溢れ人口の集中するアジア太平洋地域へシフトさせるべきだと述べたうえで，「太平洋国家（Pacific nation）」へというアメリカのアイデンティティの鞍替え宣言をした（*Foreign Policy*, Nov. 2011）。

クリントン発言の背景には，オバマ政権が採る，一貫したアジア重視の狙いがある。需要が拡大する好調なアジア経済を頼り

に，アメリカの輸出を伸ばし，それによって，アメリカの雇用を創出し失業率を引き下げたいとする思惑にほかならない。ユーロ不安から立ち直れないヨーロッパよりも，ボリューム・ゾーンの好調に沸くアジア経済の魅力の所産である。現に，オバマが大統領に再選された2012年11月，最初の外交を東南アジア訪問から始めたこと，とりわけカンボジアのプノンペンで開催された東アジア・サミットに参加して，まるで主役のように振舞うオバマの姿勢が印象的だった。

このアジア重視の姿勢は，アジアでの権益拡大を狙う中国との摩擦の可能性を孕んでいる。海軍力拡大をベースに帝国の復活を狙うのか，それともアメリカの権益との共存を図るのか。そういった政治的摩擦や軍事的緊張が予想されながらも，経済的にはグローバリゼーションの圧力によって，ますます米中ともに資本の相互交流が続く。

チャイナマネーを抜きに米国債安定は有り得ないし，米系多国籍企業抜きに中国経済は成り立たない。しかしながら，経済力を増す一方の中国の台頭は，政治的要求を随伴することを忘れるべきではない。日米も日中も，そうした米中関係の枠組みに影響を受ける。2006年12月に始まった米中戦略経済対話（Strategic Economic Dialogue）は，毎年，米中の交替で開催され，大物閣僚による意見交換会を続けている。

この毎年の定例化となった米中対話は，元々，2006年にブッシュが胡錦濤に申し入れて，実現したものであって，逆ではない。したがって，アメリカ経済の苦境を救うためには経済問題（とりわけ米国債の最大の買い手である中国の存在への配慮）に慎重にならざるをえず，とりわけチャイナマネーの動きには配慮

せざるをえないというアメリカの台所事情が覗く。

ヨーロッパもアメリカほどではないが，類似の対中関係を有する。不況に喘ぐユーロ不安を抱えながら，打開策を狙うヨーロッパにあって，最大の頼りは中国なのである。対中輸出だけではない。チャイナマネーの導入（中国からの投資期待）や交流促進による経済再生が期待されるからである。もちろん中国は格差や腐敗といった深刻な問題を抱えてはいる。しかし，所得を持った13億人という巨大な市場は，経済再生に必死な諸国にとって，ともかく魅力的なのである。

不況に喘ぐ欧米にあって，アジア頼みやアジア依存が重みを増すなか，日本のアジア戦略と言えば，アジアの成長ダイナミズムを，日本の蘇生に活かそうという狙いが聞こえる程度である。そのための戦略も戦術も聞こえてこない（2009年の民主党政権登場時に鳩山首相による東アジア共同体構想の掛け声も，思いつきの域を出なかった）。

かつて明治期以降，伝統的に「脱亜か興亜か」と問い続けた歴史を振り返れば，依然，先送りしたままである。日本の国家や民族としてのアイデンティティとはいったい何だろうか。

「アジアであってアジアでない」と言った福沢の主張は，今も重く突き刺さる。しかし，日本が西洋文明を，アジアで最も熱心に取り入れた国（ファーガソンの見解）だと性格づけたとしても，やはり日本は欧米ではない。それは，ニューヨークやロンドンの街角に立った時と，上海や釜山の雑踏を眺めたときに感じるであろう感覚の相違を考えれば，すぐに分かる。しかも，当のアメリカ自身が最もアジア志向を強めている最中にあって，日米基軸一辺倒の構えを見せることほど，日本の交渉力を減殺させてし

3-3/挫折した日本のアジア戦略　157

まうことはない。著者が懸念するのはこの点である。

　なぜ，マハティールのような，大の日本贔屓の政治家を重視しなかったのか。なぜ日米基軸の重要性を繰り返すことしか能がないのか。欧米とアジアのバランスをとるという，かつてあった外交政策を，なぜ採ろうとしないのだろうか。この国の外交をガヴァナンスするエリート諸氏の胸中は，理解し難い。貿易も物流も，さらには人の移動も，圧倒的にアジアシフトが進みつつあるなかで，日米関係に重きを置くことしかなくて，日本は生き残れるだろうか。ロンドン大学の森嶋が最も懸念し，そして最後まで警鐘を鳴らし続けたことである。

　本節の最後に，アジアをめぐる日米中の権益の在り方を模索しつつ，アジア論を説き続けた凃照彦の指摘を引いておこう。アジア通貨危機最中の1998年に書かれたコメントながら，いま読んでも，的確な視点だと言いうる。なぜならば，東アジアをめぐる政治力学は，日本と華人圏とアメリカという，トライアングルの利害調整をどうするのかにかかっているからである。

　「APECにはスリーチャイナ（中国，台湾，香港のこと‥‥引用者）も日本も加入していることで，ここにも『華人経済圏』や『円圏』の同時代性がうつし出されているが，アメリカがAPECのリーダーシップを掌握している現状では，アジアの地域に地域通貨制さらには単一通貨制を導入することは，現実的ではあるまい。アジア諸国が今回の通貨『危機』に直面し，そこからの脱出（ドル体制からの脱出）の糸口が見当たらないとすれば，ひとつはこの点と深くかかわっている」（凃編著『華人経済圏と日本』有信堂，1998年）

3-3 の課題

1. 日米関係，日中関係，米中関係はどのように変遷してきたのか，考えてみよう。日米関係や日中関係は，米中関係の影響を受けると言われるが，どういうことだろうか。
2. 「脱亜」か「アジア志向」（昔は興亜と言った）か，という日本の歴史的考え方について，あなたはどう思うか。脱亜の論客として，明治期の福沢諭吉から，「文明の衝突」論に一世を風靡したサミュエル・ハンチントンまでが思い浮かぶ。一方のアジア志向を主著する論客として，1924 年神戸で，大アジア主義の演説で名を馳せた辛亥革命の英雄・孫文が，さらに 1990 年代以降，日本にアジアというアイデンティティを説いたマレーシア首相マハティールが思い浮かぶ。あなたは，かれらの主張をどう思うか。
3. あなたの日常生活の周辺に見られる，欧米化やアジア化に由来する実例を考えてみよう。あるいは，ビジネスの現場における欧米的なるもの，アジア的なるものを発見してみよう。あなたは，「グローバルな人材」になれそうですか？

第 4 章 / 激動のアジア

　香港と広東省をつなぐ華南経済圏こそが，1980 年代以降の中国の改革開放をめぐる鍵であり，天安門事件後も，中国の高成長を支えた中枢に位置する。香港は，在東南アジアの華人が故郷への架け橋として利用する特別な街であり，香港ドルの米ドルへの固定でのリンク（米ドル・ペッグ制）が，貿易と投資を支える必須条件だった。だからこそ，1997 年，中国は必死で，その通貨制度を死守し，ヘッジ・ファンドの売り浴びせを跳ね返した。香港ドルをめぐる米中の政治力学こそが，その存亡を決したのである。さらに，その最多の発券が，ロンドンに本店を移した HSBC によって担われているのも，香港の歴史を窺わせる（写真は香港）。

4-1／アジアの消費と物流

◎消費沸騰

アジアの経済成長は，人口と経済力の大都市（メガ都市）に集中する。しかも，都市化率100％の香港とシンガポール（この2つの都市には農村がない）は言うまでもなく，中国の上海，タイのバンコク，インドネシアのジャカルタ，マレーシアのクアラルンプルといった極端な一極集中に特徴がある

大泉啓一郎は，国家のGDP単位で経済力を比較することの無意味さを強調する。しかも，それらメガ都市の国民所得たるや，急速に，日本に迫るほどで，そこに在住する富裕層や準富裕層の所得水準や消費行動は，ほとんど日本と変わらない。市場レートで為替相場を図った物価で比較すれば，まだまだ低いが，購買力平価で再計算すれば，物価が安い分，ぐんと日本の水準に近づく。2010年，中国のGDPは日本を超えた。

しかし，1人当たりGDP（以下，2010年の数字）では，13億人をという巨大人口を抱える中国は，わずか4,000ドルを超えた程度にすぎず，日本の38,000ドルの1割強にすぎない。購買力平価で再計算しても，日本の3万5,000ドルに対し，中国は6,000ドルにすぎない。何と，中国は日本の17％にすぎない。

しかし，これを上海に限定すれば，購買力平価で測った上海の1人当たりGDPは，2万ドルを超えてしまい，日本の6割ほど

に迫る。これは，成長の恩恵を受ける地域的不均等に原因があるが，この傾向（購買力平価で計算した1人当たりGDPが市場相場で計測したGDPよりも日本に近づくこと）は，中国のみならず，ASEAN各国やインドでも共通する（大泉啓一郎『消費するアジア』中央新書，2011年）。

アジアの消費に沸くブームをいったいどう考えればいいのだろうか。中国を一例として考えてみよう。かつては国家から支給される生活必需品で成り立っていた中国人の生活に，ほとんど市場が介入するようになっていた。上海に住む知り合いの中国人の身なりもずいぶん変わった。かつては，疾走する自転車での通勤光景や，満員ですし詰め状態のバスに驚いたが，今では，ラッシュ・アワー時に乗用車が渋滞している。

20年前に通った建物を再訪すれば，そこはまるで別のビルでもあるかのようだった。同じ大学の建物でも，部屋に入ると，真新しいソファが置かれ，再会した同じ人物が，ずいぶん洗練された格好に変身していた。わずか20年という時代の推移は，街の景観も人の風貌も，一変させた。まるで，浦島太郎のような気分に陥った記憶がある。

なぜ中国は，第2の旧ソ連や旧東欧にはならず，市場経済を積極的に取り入れ，独自の市場化の道を進むことができたのだろうか。もちろん，絶えず，バブル崩壊が近いと予想する声があることは言うまでもない。だが，ともかく，30年近く高成長は続いてきた。

都市と農村の巨大な格差，腐敗の激しい党幹部は，常に，槍玉に上がってきた。1989年の天安門事件では，民衆の民主化要求を，軍隊が鎮圧し，多くの犠牲者を出した。しかし，共産党が

指揮する経済は，共産主義ではなく，資本主義である。言うならば，共産党が主導する capitalism なのである。株式や不動産がバブルだと再三批判を浴びながら，そのブームが一応，崩壊せずに，ここまで来たのはなぜだろうか。

プリンストン大学の程暁農による，1990 年代の中国経済成功の説明は注目に値する。それは，旧ソ連とは異なり，中国社会主義が生き残った一番の鍵は，国有企業の温存にあった，と。

一般的に，社会主義の市場化政策というと，国有部門の支配力低下を意味するように受け取る向きが多いが，中国の市場化改革ではそうはならなかった点に，特徴がある。

中国では 75％が農村居住者だが，都市の就業者のうち，依然として，その 3 分の 2 が国有部門の従業員だった。それに，政府保護を受ける都市集団企業の従業員を合せると，都市の就業者の 86％に及ぶ。国有部門は高所得と高福祉を享受し，外資を惹きつける都市の消費市場の中心をなす。

つまり，「都市部住民の大半は政府と関係が深い国有企業か都市集団企業で生計を立てており，彼らの生存方式は非国有部門の拡大に呼応するかたちで独立化，市場化への方向に向かっているわけではない」というのが程の見解である。程は，1994 年時点で，都市住民の所得の 85％は依然，国有部門からきていると読む。

したがって，都市の繁栄と農村の不況が併存する状態が続いたが，それによって，政治体制が揺らいだわけではない。なぜならば，農民が多数派とはいえ，その居住地は分散し，教育水準も低く，さらには社会組織ももっていないため，農民の不満がただちに政治的安定に脅威を与えるわけではない，と。中国の政治と社

会の安定如何は，都市を基盤とし，その安定こそが，巨大な外資を中国に惹きつけることができたのである（程暁農編著『中国経済 超えられない八つの難題』草思社，2003年）。

このような都市のブームは是か否か。総人口の70％を占める農民が国民所得ではわずか約17％にすぎず，その実態は，「革命模範劇」モデルにすぎないというのは，仲大軍（北京大）である。つまり，模範となったモデルだけは繁栄するものの，実態は疑わしいという解釈である。

仲が疑惑の眼差しを向けるのは，不良債権や負債累積という闇の深さ，さらに偽造商品の多さ，そして圧倒的比率を占める一般大衆の貧困である。市場経済がもたらした格差が急増したのはなぜかという根本的問い掛けがある。

仲は，中国に蔓延する利益至上主義と金銭崇拝に，警鐘を鳴らす。そこでの支配的空気は，まるで，「貧乏人をあざ笑い，娼婦には一目置く」という社会環境だ，と。株式市場の活況は，政府筋のペテンによって支えられ，商品市場には，「偽ブランド劣悪商品」が蔓延する。政府筋のペテンとは，不良債権や国家負債における，公表データの信憑性虚偽である。銀行の不良債権減少は，不良債権を，銀行から国有資産管理会社へ移管させただけにすぎず，株式市場の活況も，銀行資金の流入によって支えられ，健全な企業発展の資金調達市場ではなく，「政府が胴元をつとめる一大ペテン」だと喝破する（前掲程暁農編所収，仲大軍論稿）。

はたして，消費に沸く中国都市部の高成長は，「革命模範劇」モデルの典型なのか，それとも，国有企業温存策が功を奏したものなのか，判断が分かれるところだろう。

◎物流のアジア

　物流のアジアと称されるほど，アジアにおける物流は急増している。物流の世界ランキングで，アジアの港湾や空港が上位を席巻するようになって久しい（図4-1参照）。

　かつてはニューヨークやロッテルダムが物流拠点だったが，いまや，シンガポール，香港，上海，釜山といったアジアが完全に制している。日本は，かつての港湾都市だった神戸や横浜の順位が大きく後退し，成田や関空も，国際空港としての存在感は後退している。

　福岡でヒアリングを行った際に聞いたことが興味深い。東アジアで生産された部品や商品を東京や大阪の工場や消費市場に，いかに迅速に送るかという場合，東アジアの生産基地からから直接に東京や大阪に航路で輸送するよりも，釜山経由で博多港まで運

図 4-1：東アジアのコンテナ港湾上位 10 港の変遷

(単位 1000TEU)

東アジア順位	1975年 世界順位	港	取扱量	1985年 世界順位	港	取扱量	1995年 世界順位	港	取扱量
1	3	神戸	905	3	香港	2,289	1	香港	12,550
2	4	香港	802	4	高雄	1,901	2	シンガポール	10,800
3	13	東京	359	5	神戸	1,852	3	高雄	5,232
4	15	横浜	329	6	シンガポール	1,699	5	釜山	4,503
5	21	基隆	246	9	横浜	1,327	8	横浜	2,757
6	24	高雄	225	11	基隆	1,158	12	東京	2,177
7	28	シンガポール	192	12	釜山	1,148	13	基隆	2,170
8	37	名古屋	134	14	東京	1,004	16	マニラ	1,688
9	38	大阪	133	24	マニラ	505	19	上海	1,527
10	44	マニラ	95	34	大阪	423	22	名古屋	1,477

2005年 世界順位	港	取扱量
1	シンガポール	23,192
2	香港	22,427
3	上海	18,084
4	深セン	16,197
5	釜山	11,843
6	高雄	9,471
13	青島	6,307
14	ポートクラン	5,544
15	寧波	5,208
16	天津	4,801
22	東京	3,593
27	横浜	2,873
34	名古屋	2,491
39	神戸	2,262

備考：塗りつぶしは，我が国コンテナ港湾。
資料：The National Magazine Co.Ltd「Containerisation International Yearbook (各年版)」。

出所）経済産業省『通商白書』2008年。

び，そこから陸路，東京・大阪に輸送する方が，コストが安いという。

さらに，コンテナでの輸送は，積荷の積み替えを容易にする。釜山までは大型船で乗り入れ，そこで小型船に積荷を移して日本の港湾に運ぶことがポピュラーだという。日本の輸送業者や商社は，釜山に巨大な保税倉庫を設置し，そこから日本の港湾とのネットワークを結ぶ。釜山に輸送拠点を作ったほうが，韓国政府からの税制優遇も受けられ，賃金や地代も安く，より収益性を上げられる。それにしても，世界の港湾ランキングの上位を席巻するアジアの驚異的存在感は，驚くばかりで，かつての，神戸や横浜の影は薄い。

それは港湾だけではない。日本の国際線の行き先でもアジアが圧倒する。図4-2にあるように，日本の国際便の輸送先内訳では，旅客も貨物も，圧倒的にアジア向けが占める。人の移動も物流も，日本の空港から飛ぶ便は，アジア向けが大半で，欧米は旅

図4-2: 日本の国際空港輸送（旅客＆貨物）先内訳（2011年）

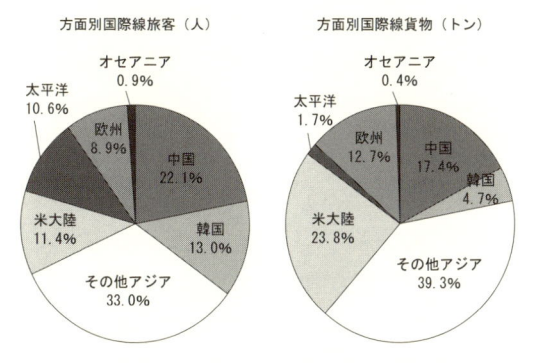

方面別国際線旅客（人）

- オセアニア 0.9%
- 太平洋 10.6%
- 欧州 8.9%
- 中国 22.1%
- 韓国 13.0%
- その他アジア 33.0%
- 米大陸 11.4%

方面別国際線貨物（トン）

- オセアニア 0.4%
- 太平洋 1.7%
- 欧州 12.7%
- 中国 17.4%
- 韓国 4.7%
- その他アジア 39.3%
- 米大陸 23.8%

出所）運輸省「平成23年度の航空輸送統計の概況について」2012年7月。

客で2割を，貨物で36%を占めるにすぎない。

　空港のタイムテーブルを見れば，その行き先は圧倒的にアジアである。ソウル便，香港便，上海便は，成田や関空のみならず，地方空港でも上位を占め，国際線といえば，ソウル便だけだという地方空港も少なくない。ニューヨークやロンドン行きの直行便は，東京だけで，地方からは飛ばない。

　だが，それは，地方には，欧米に向かう旅行客がいないということを意味するわけではない。地方の居住者にとって，ソウル（仁川）経由で欧米に向かったほうが，東京までやってきて成田に乗り換え，そこから海外に向かうより，コスト的にも時間的にもはるかに有利だからである。地方の居住者は，東京ではなくソウルに向かうことになる。

　否，元々，韓国は，それまでの都心にあった金浦空港から郊外に仁川空港を作るときに，そうした日本人旅行客の需要をターゲットにビジネス戦略を立てて，巨大なハブ空港を作ったのだと聞く。ハブ空港という物流拠点を韓国に作ることによって，韓国の国際競争力アップを目論んだということである。もちろん，そこには，チャンギ空港という巨大空港を作ることによって成功したシンガポールという前例に学んだ部分も大きかったに違いない。

　貨物でも，アジア集中が高いのは，日本企業の製造業における海外直接投資の中心がアジアだからである。そのため，アジア拠点と日本の空港との物流も増大するという関係を作り出す。残高でこそ，欧米の比重が高いものの，伸びでは完全にアジア志向が強い。それは，生産のみならず，消費でも，アジア市場向けのマーケティングが中心を占め，したがって，日本を取り巻く物流

でも，アジア取引が中心だということである。

しかも，成田と仁川を，その貨物のトランジットで比較すれば，成田は国際便のトランジットが2割に留まり，8割が国内貨物であるのに対して，仁川では両者は半分ずつである。

つまり，海外から輸送される貨物は仁川を経由して，再び海外に輸送される場合が多いが，成田では，そのような国際便の取引トランジットは2割にすぎないということである（図4-3）。

成田と言えば，日本最大の国際空港だが，それでも，積荷の積

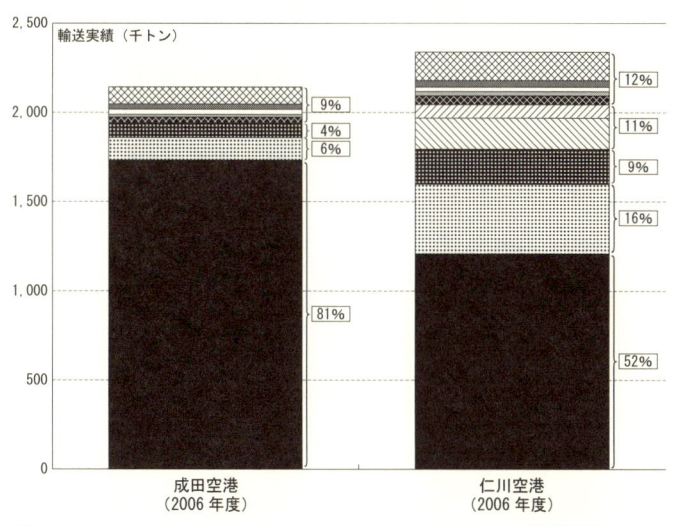

図4-3: 成田空港と仁川空港の国際貨物の積み換え内訳（2006年）

成田空港（2006年度）: 81%, 6%, 4%, 9%
仁川空港（2006年度）: 52%, 16%, 9%, 11%, 12%

備考：
成田空港のトランジット率は「日本出入航空貨物路線別取扱実績」（国土交通省）をもとに，仁川空港HP資料をもとに作成。
トランジット貨物の発着地域は，「東アジア地域の主要空港における国際航空貨物の流動実態に関する調査」（国土交通省）より，両空港の自国航空会社取扱実績の方面別構成比をもとに作成。

【対象航空会社】
成田空港：日本航空，全日本空輸，日本貨物航空
仁川空港：大韓航空，アシアナ航空

凡例：その他／北米発東南アジア向け／北米発中国向け／東南アジア発欧州向け／中国発欧州向け／他国発日本向け／日本発他国向け／東南アジア発北米向け／中国発北米向け／自国発着貨物

出所）http://www.mlit.go.jp/common/000041959.pdf

み換えは，圧倒的に，国内便相互である。海外への積み換え便の拠点として成田が機能するわけではないということである。それは，仁川とくらべれば一目瞭然である。中国から北米向け輸送は，仁川での積み換えが，成田での乗り換えよりも多い。東南アジアから北米への輸送の積み換えでも，成田よりも仁川が選ばれる。

この背景には，空港の使用料の問題がある。大型機の着陸料は，関空58万円，成田と中部がともに46万円で，上海17万円，仁川15万円（数字は2009年2月時点）である。とりわけ，関空が高いが，この理由として，建設時から続く各空港会社が抱える有利子負債の巨大さがある。海上空港建設にかかる巨大なコストを，ローンで賄ったことのツケである。2007年時点で，負債残高は，関空が1兆1,200億円で，成田の2倍，中部の3.9倍である（関西社会経済研究所『2009年版関西経済白書』清文社）。

かつて空港と言えば，日本社会では，騒音の関係上，できるだけ住宅地から離れた遠方へ，というideaが濃厚だった。都市の近辺にあって，地政学的利便性から，物流の競争力云々で考えるということがなかった。

成田が建設されるときも，海上空港として関空が建設されるときも然り，羽田に近い大田区の居住住民の安眠のため，あるいは伊丹の居住住民の健康のためには，深夜に離発着を繰り返す騒々しい24時間空港なんて，とんでもないことだった。

しかし時代とともに，考え方は変わり，人も貨物も，地理的な迅速性が競争力確保に不可欠になりつつある。そのためには，流通時間をできるだけ短くすることが重要になってくる。成田を深夜便で発って，翌日にアメリカに着けば，輸送された部品は，翌

日のアメリカでの工場生産に間に合う。

　事情の変化は，認識を変える。かつて，関空建設が話題になったとき，神戸財界は見向きもしなかった。しかしながら，空港の重要性が高まった1990年代末には，神戸にも空港を，という要望が高まり，ついに2006年，神戸空港が開業した。これも，関空と並ぶ海上空港である。

　部品だけではない。FedExやUPSといった国際エクスプレス便は，飛行機をチャーターして，海外にネットワークを築き，より迅速な流通を手掛けるプロフェッショナルである。こうした海外輸送業者は，自社便すら保有する欧米の大手だが，日本は，これも国内志向である。郵便局や運輸業者といった宅配便業者も，圧倒的に国内市場中心だが，海外市場での競争には関心が弱い。

　アジアは物流体制を強化することによって，国際競争力を高める戦略をとりつつある。そのため，アジア各国は，ハブ港湾やハブ空港を目指し，大規模空港や巨大港湾を整備しつつある。とりわけ，自国発着の旅客や貨物のみならず，第3国へのトランジット（乗り換え，積み換え）にも力を入れている。

　成田空港は，国際間トランジットで，仁川空港のはるか後塵を拝する。あるいは，釜山経由での輸送コンテナの積み換えは，釜山港を巨大化し，日本の港湾をますます釜山の下請けにする。仁川も釜山もいずれもハブ（中核拠点）を目指す。成田はハブ空港／仁川より競争力で劣り，博多はハブ港湾／釜山経由で海外と結ぶ。

　さらに問題は，アジアのハブを目指す空港や港湾が目白押しだということである。国際貨物取扱量で，1995年には世界首位だった成田は，1996年2位，2006年には3位へと後退した。代わっ

て，2007年時点で，1位香港，2位仁川，3位成田で，6位シンガポール・チャンギ，7位上海浦東と続く。世界ランキングの上位10位のなかで，半分が東アジアである。空港での物流も，圧倒的に上位はアジアのハブ空港で占められる。

しかし，空港別ランキングでは，2007年の成田は世界3位に入っているものの，航空会社別ランキングでは，無残にも，日本の航空会社はベストテンには1社も入っていない（図4-4）。2007年には世界のトップは大韓航空であり，キャセイ，シンガポール，中華航空と，アジア勢が4社もベストテンに顔を出す。仁川空港の躍進と並行して，大韓航空も快進撃を続ける。空港別ランキングでは成田が上位に入っているが，航空会社ランキングでは日本勢は上位に入っていない。これは，成田を国際貨物の輸送に使っている航空会社が外国勢だということを想像させる。

日本勢は，明らかに，アジア勢の後塵を拝しつつある。興味深いことに，そういった航空会社とは別に，FedexやUPSといっ

図4-4：IATA加盟航空会社の国際航空貨物輸送トンキロ上位10社の変遷

年 順位	1985 事業者名	輸送量	1990 事業者名	輸送量	1995 事業者名	輸送量	2000 事業者名	輸送量	2007 事業者名	輸送量
1	日本航空	2,402	ルフトハンザ航空	4,001	ルフトハンザ航空	5,812	ルフトハンザ航空	7,096	大韓航空	9,498
2	ルフトハンザ航空	2,391	エアフランス	3,276	エアフランス	4,363	大韓航空	6,357	ルフトハンザ航空	8,336
3	エアフランス	2,256	日本航空	3,238	大韓航空	4,233	シンガポール航空	6,020	キャセイパシフィック航空	8,225
4	フライングタイガー	1,871	フェデラルエクスプレス	2,783	シンガポール航空	3,666	エアフランス	4,968	シンガポール航空	7,945
5	KLMオランダ航空	1,396	英国航空	2,257	KLMオランダ航空	3,612	英国航空	4,555	フェデラルエクスプレス	6,470
6	英国航空	1,137	KLMオランダ航空	2,124	日本航空	3,509	フェデラルエクスプレス	4,456	中華航空	6,301
7	大韓航空	1,055	シンガポール航空	1,696	英国航空	3,196	日本航空	4,321	エアフランス	6,123
8	シンガポール航空	981	キャセイパシフィック航空	1,415	キャセイパシフィック航空	2,790	キャセイパシフィック航空	4,108	エミレーツ航空	5,497
9	ノースウエスト航空	742	ノースウエスト航空	1,171	フェデラルエクスプレス	2,589	KLMオランダ航空	3,964	カーゴルクス	5,482
10	アリタリア航空	732	アリタリア航空	1,139	ノースウエスト航空	1,850	カーゴルクス	3,523	UPS	5,077
	27 日本貨物航空	190	12 日本貨物航空	872	13 日本貨物航空	1,556	13 日本貨物航空	2,186	14 日本航空	4,269
					28 全日本空輸	589	25 全日本空輸	1,121	25 日本貨物航空	1,836
									28 全日本空輸	1,477

資料：「World Air Transport Statistics」（IATA）より国土交通省航空局作成

出所）http://www.mlit.go.jp/common/000041959.pdf

たアメリカの輸送専門会社が上位に入る。日本で言えば，郵便局やヤマト運輸や佐川急便と同様の宅配会社が上位に入るということを意味する。郵便局やヤマト運輸が自社便の飛行機（自社保有ではなくリースでもいい）を持ち，それで国際貨物輸送を担当しているということなのである。

ちなみに，フォーチュン誌大企業番付（売上高）では，UPSは世界177位（雇用31万人），Fedexは262位（雇用25万人）である（*Fortune*, Jul. 23, 2012）。

図4-1に見た港湾のコンテナ輸送量ランキングと併せれば，港湾も空港も，いかに世界の物流の中心がアジア各国で占められているかが分かるだろう。アジア各国がこうしたハブ港湾やハブ空港の巨大化と近代化を重視することによって，国際競争力向上に躍起となっていることの証拠にほかならない（データは，国土交通省 http://www.mlit.go.jp/common/000041959.pdf より）。

かつて，ちょっとしたハプニングもあって，シンガポール・チャンギ空港で，飛行機のトランジットのため，一晩滞在したことがある。深夜になっても，Caféもレストランも両替商も土産物売り場も，人の流れが途切れず，その繁盛ぶりに，24時間空港の実際を垣間見た思いがした。興味深いことに，1981年開港時から稼働するチャンギ空港の第1ターミナルは竹中工務店の施工で，2008年から行われた大規模増改修も同社が担う（竹中工務店HP参照）。

これは，釜山港の開発投資に，多くの日本の運輸企業や総合商社が応じることによって，その物流ネットワークの建設を主導する関係に似る。物流の東アジアを作っている一翼には，日本企業が座る。それによって，東アジア各国の港湾や空港が巨大化し，

近代化し，そして輸送力のスピード・アップ化が実現される。日本も，そういった総合的な流通ネットワークを再生させ，生産と流通をつなぐ国際競争力とは何かについて，考える時が来たように思われる。

こうした物流のアジアを作るインセンティブは，アジア貿易の急速な伸びにほかならない。もはや，日本貿易の取引相手は，圧倒的にアジアなのである。日本の最大の貿易相手国（2010年）は輸出も輸入も中国。アメリカは第2位だが，アジアを総合すると，もっと高くなる。輸出相手3位の韓国から，7位のシンガポールまですべてアジア勢，輸入相手国も4位のサウジアラビアから10位のタイまで，アジア勢が並ぶ（データは，http://www.jiji.com/jc/v?p=ve_eco_japan-china20110214j-06-w370）。

日本貿易のトータル（輸出入合計）で見れば，そのアジアへの集中度はよりはっきりする（図4-5）。中国は日本の取引相手の

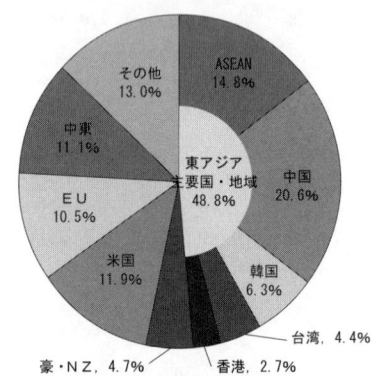

図4-5：日本の主要貿易相手国・地域（2011年）

- ASEAN 14.8%
- 中国 20.6%
- 韓国 6.3%
- 台湾 4.4%
- 香港 2.7%
- 豪・NZ 4.7%
- 米国 11.9%
- EU 10.5%
- 中東 11.1%
- その他 13.0%
- 東アジア主要国・地域 48.8%

＊貿易割合は輸出＋輸入の割合。
出所）外務省アジア太平洋局地域政策課「目で見るASEAN」2012年11月。
（http://www.mofa.go.jp/mofaj/area/asean/pdfs/sees_eye.pdf）

2割を超えるが，ASEAN 全体でもアメリカ一国を上回る。アメリカの比率は，中東，EU，あるいは韓国・台湾の合計額と変わらない。東アジアだけで，ほぼ半分近い割合を占める。日本の輸出入という貿易財の相手に占めるアメリカの比重が，かつてと比べ，大きく後退したことが印象的である。

リーマンショック前は，まだアメリカが，日本の輸出相手先でトップだった。しかし，リーマンショックが招いた不況によってアメリカの消費能力が大きく落ち込み，対米輸出が激減した。一方，ユーロ不安とともに，ヨーロッパへの輸出も陰りを見せた。そのような欧米の不景気によって，欧米向け輸出が落ち込み，こちらも同様に，景気が失速するかに思われたアジアだったが，次第に回復基調を取り戻し（カップリング論からデカップリング論への逆転），アジア経済の底力に，世界が目を見張った。日本の貿易相手国内訳にも，その傾向は反映する。

長い間，貧困イメージ一色だったアジアが，世界のなかで確かな存在感を示すのも無理はない。世界のアジアを見る目が変わるのも頷ける。

◎ made in Japan の苦悩

圧巻は 2012 年に，日本の代表的電気機器企業が経営不振に陥り，たとえばシャープを買収する交渉先として台湾企業の名前が遡上に上っただけでなく，対するサムソンのような韓国企業の強力な競争力も話題になった。

シャープの 2013 年 3 月期の決算予想は，4,500 億円という過去最大の赤字だった（『日本経済新聞』(2012 年 11 月 2 日)。ソニー，パナソニック，シャープの家電大手 3 社合計で，リーマン

ショック前の2007年前半には約16兆円あった株式時価総額（株価×発行株数）が，2兆円あまりに暴落した。わずか5年半で14兆円失ったことになる（図4-6参照）。

ところが，対照的に，競争相手の韓国のサムスン電子は，2005年に11兆円だった時価総額が，14兆円に迫る勢いを見せた。電気機器は，東証の業種別の時価総額比率で長らく首位を占めてきた銘柄である。しかも，家電大手3社は，いずれも日本企業を代表する日経平均株価（225社）の構成銘柄である。この3社の精彩を欠く光景は，日本企業の後退ぶりを象徴するものだろう。

とりわけ，シャープは技術的評判の良かった液晶に，過度な依存度を高めたため，液晶生産での競争が激化するなかにあって，かつての優位を維持することが難しくなった。テレビの「亀山モデル」で経営を牽引してきたのが，完全に裏目に出たということである。とはいえ，それに代わるヒット商品は見当たらない。

サムスン電子1社の株価時価総額だけで，日本の大手家電3社

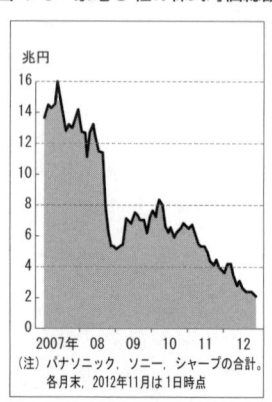

図4-6：家電3社の株式時価総額

(注) パナソニック，ソニー，シャープの合計。
各月末，2012年11月は1日時点

出所）『日本経済新聞』2012年11月2日。

の株価合計の7倍にも上る（2012年11月時点）。驚くほどの日韓逆転である。モノ作り国家・日本の中枢で起きている激震ぶりを物語るようである。

　ちなみに，シャープが史上最高純利益1,000億円の黒字を上げたのは2008年3月決算だった。「液晶のシャープ」が当たり，「亀山モデル」を中心に，シャープ製品が破竹の勢いを示した頃のことである。それがわずか4年後，2012年3月決算では，3,760億円の大赤字に転落した。株価も，2007年末は2,000円前後だったのが，5年後の2012年末は170円前後を低迷する。

　2012年11月（2週間）に希望退職を募ったところ，2,000名の募集に対して，2,960名の希望者があり，253億円の特別損失で処理することになった。その間，リーマンショック，3.11，タイ洪水と，目まぐるしい経営環境の悪化が続いた。56,000人（連結ベース）を超える従業員の不安は絶えない（データは同社HPより）。

　台湾の鴻海からの出資要請交渉の行方もままならず，インテル等とのアメリカのITメーカーとの交渉も手探りするシャープ経営陣の苦悩が報じられるが，シャープの経営危機を打開する方向は不透明である。

　パナソニックやソニーも，かつての勢いはない。お家芸だった日本の家電業界はどうなるのだろうか。少なくとも，アジアが貧しく，日本は豊かだという南北問題的視点では，あるいはアジアには偽物やコピー商品が絶えないといった，日本とアジアの格差に着目するアジア観では，的を射た認識はできないだろう。そういった視点が旧聞に属するほどに，アジアの変貌は著しいのである。もはや，アジア企業は日本企業の市場における有力な競争相

手だと認識しなければ現状を見誤ってしまう。

　ちなみに，フォーチュン誌による世界の大企業番付（売上高）では，サムスン電子は世界20位（2011年）で，それを上回る日本企業はトヨタ（10位），郵貯（13位，ちなみに資産では世界1位）の2社しかない。サムスン電子は従業員数も22万人を抱え，韓国を代表する多国籍企業なのである。ちなみに，上位100社に入る日本企業は12社，中国企業は10社，以外は，韓国2社，台湾1社，タイ1社，マレーシア1社である（*Fortune*, Jul. 23, 2012）。

4-1 の課題

1 | 成田を経由して海外に飛ぶのと，仁川経由で海外に飛ぶのとは，価格，時間，利便性のそれぞれで，どれくらい違いがあるか計算してみよう。地方空港では，どこに行く便が多いのか調べてみるのも興味深いだろう。
2 | 近年，「グローバルな人材」という掛け声を聞くことが少なくない。その内実を探ってみよう。ビジネス先の出張で，アジアに行く機会はどれほどなのだろうか。日本企業が雇用する従業員のなかで，アジアからの従業員はどれほどいるのだろうか。
3 | 日本企業の現状で，どれほどアジア取引は多いのだろうか。あるいは，どれくらいアジアからの資本を導入しているのだろうか。また，日本企業の海外投資先として，アジアは，どれほどシェアを伸ばしているだろうか。アジア各国で，どれほどの日本企業が営業しているかを調べてみよう。
4 | 皆さんは，アジア系企業をどれほど知っているだろうか。アジア系企業は，日本企業や欧米企業と比べ，どういう諸点に特徴があるのだろうか。

4-2/ アジアの勢い

◎中国の変貌

　中国は，1980年代以降の改革開放政策で，高度成長への舵を切った。それは，香港と広東省を結ぶ「特区」政策で始まった。総じて，華南経済圏と呼ばれた。つまり，広東側には膨大な労働力があるが，資本も技術もない。一方，香港には資本や技術はあるが，狭い地理的な限界故に，恒常的人手不足だった。

　ここに，需要と供給が一致し，新たな関係を結ぶことで，win-winの関係が生じた。しかも，元々，かつて戦時や革命の混乱を避けて，香港経由で世界に散った中国人（華人）は，広東出身が多く，コミュニケーションに問題は生じない（どちらも広東語）という算段もあった。中国は多民族国家で，広東語と北京語では，会話が通じないが，世界に離散した華人の多くは，その母国語が広東語なのである。

　「特区」とは税制や土地や水といったインフラ，さらには工場設備や労働力に至るまで，特別にケアされる地域を指す。つまり，一般的な中国の法整備が，「特区」だけは例外扱いされるという特別区なのである。それは，海外投資を呼び込むためで，その実験が始まったのが広東や福建に点在する「特区」である。

　これで，かつての中国社会主義の象徴だった人民公社方式が崩れ始め，次第に，外国人投資が華南経済圏を底上げし，経済成長

を牽引する中心的企業に浮上した。つまり，かつての毛沢東路線が毛の死によって否定され，鄧小平という新たな指導者によって，改革開放への舵が切られたということである。この路線変更を象徴する言葉に，「白猫黒猫論」がある。白猫だろうと黒猫だろうと，それが鼠をとる役割を果たす限りは，どちらでもいいとするものだった。鄧小平の言葉をファーガソンが引く。

「明朝初期の永楽帝の時代に，鄭和はヨーロッパの大洋まで出かけていった。そのころのわが国は，開かれていた。だが，永楽帝が亡くなったあと，明朝は衰退に向かった。中国は侵略された。明の中期からアヘン戦争までの300年間，中国は孤立していて，貧しく，遅れた国に成り下がり，暗黒と無知のなかに埋もれた。門戸を閉じておくという選択肢は，考えられない」（前掲『文明』）

鄧小平は，かつて毛沢東権力下の文化大革命が席巻した時代に，失脚して幽閉されるという厳しい過去を有する。国際派としての鄧小平の開明路線は，地方重視で鎖国路線重視の毛沢東の思考様式とは相容れなかった。さらに毛沢東の農民重視路線（下放運動）とも相容れなかった。それが，名誉回復して権力トップに返り咲いたのである。

中国の権力闘争は凄まじい。まさに，血で血を洗うという表現が当てはまるかもしれない。2012年11月の新政権登場にしても，胡錦濤派と習近平派との激烈な権力闘争が演じられた。習近平の背後には，20世紀最後の10年間，権力を掌握し続けた江沢民が控える。

経済的開放政策をとると，どうしても，政治的に民主化を求める声が強まる。インターネットの時代にあって，情報も，海外から比較的自由に入ってくる。大衆はそれを読み，民主化を求める声（たとえば選挙）が高まる。そうなると，大衆の不満の声を抑え，当局の取り締まりが強化されるというイタチゴッコが繰り返される。共産党主導の民主化には限界が随伴する。しかし，経済活動は社会主義市場経済という capitalism の中国版が演じられる。

もちろん，中国は capitalism そのものではない。あらゆる組織（工場や役所や学校）に党組織が張り巡らされ，公式な組織と，その背後で組織の意思決定を左右する利害が，党組織によって掌握される。しかし，一方で，かつての配給はほとんど消え，市場を通して，商品の売買が市場価格でなされるのは資本主義と同じである。

かつて，香港の返還が迫った頃，はたして，返還後は，「香港の中国化」なのか，それとも「中国の香港化」なのかという議論があった。しかし，返還が実現した 1997 年 7 月，直後に襲ってきた危機は，香港ドルではなく，タイのバーツ危機だった。このタイミングをどう見るか，「中国の香港化」でもなく，「香港の中国化」でもなかったのはなぜなのかが，検証されなければならない。

その鍵は，すでに香港で確たる存在となっている，H 株（中国に本社を置く国有企業）とレッドチップス（香港に本社を置く中国系企業）という，民営化された中国本土企業の香港上場株式だった。かれらは，香港市場の中心として，ハンセン指数を牽引するリーダー株である。その多くが，欧米系の大手投資銀行に仲

介（幹事証券）を依頼して，香港での IPO（新規株式公開）を実現し，巨大な資金調達に成功した。

しかし，多くの中国系企業の経営上の意思決定は，依然，本土が握っていると考えられる。なぜなら，たとえ民営化しても，株式所有の過半は本土が握っているからである。現在は，中国銀行，中国工商銀行，中国建設銀行といった中国を代表する3大銀行がすべて，香港市場の代表銘柄指数であるハンセン指数の構成銘柄なのである。

否，香港だけではない。中国企業は，ニューヨークでも積極的な IPO を仕掛けた。元国有企業の民営化をファイナンスするうえで，ニューヨーク証券市場（NYSE）は，債務危機に喘ぐラテンアメリカの国有企業の民営化で慣れていたからである。国有企業を民営化させる過程で，株式が発生する。当該株式を市場で上場すれば，新たな所有権の移転が想定されるが，過半を国が握っていれば，経営権を手放すことはない。国有企業を民営化する点で，NYSE は実績があり，現に，それによってラテンアメリカの債務危機を解決に導いたという自信もあっただろう。

さらに，ラテンアメリカの元国有企業の民営化で，債務が消えるというプロセスも魅力的だった。株式と債務のスワップ（交換）によって，債務が株式に交換され，喘いでいた過大な債務返済から解放されたからである。貸し手が株式所有者になれば，借り手は債務から解放される。中国企業も債務危機に喘いでいたが，ニューヨークや香港での IPO によって巨大な資金調達に成功しただけでなく，経営権は手放していない。

しかも，今は，多くの元中国国有企業が香港市場の中心的銘柄として，投資の中心に座る。国有だということは，経営も所有

も，その実権は共産党が握るということである。しかし，国家が香港で共産主義を実行する意図はなく，巨大な資金調達が実現できればよかったのである。ここに，著者は，中国流の強かな共産党 capitalism を見る。その目論見は見事に当った。

「ＡかＢか」，「〇か×か」。日本ではよく二者択一が問われる。ところが，ＡでもＢでもなく，〇でも×でもないということが人生であり，社会なのだという場合が多い。無邪気な二者択一的質問に，解答はない。著者流の解釈では，これこそ毛沢東の矛盾論である。

人生や社会は，数式で割り切れるものではない。解答の出ない問題は数多い。しかし，時間が経過することで，矛盾が解決したり，つぎの一手が生まれたりする。その一手は，かつてはうまく機能しなかったが，今ではうまくいくかもしれない。そうした矛盾に満ちた存在こそが人間であり，そうした人間が生きる空間こそが経済社会なのである。

振り返れば，毛沢東は，香港に迫った人民解放軍の進撃を止め，香港に駐在する英国軍や豪軍を攻めなかった。そうすることで，中華人民共和国成立後，早々に，英連邦諸国の新中国支持を勝ち取った。さらに，香港は，租借期限の到来まで，英国領であり続けることを認めた。そうして英国側との巧みな交渉によって，香港を，宝の島とすることが可能になった。

香港ドルと人民元を固定でリンクし，米ドルと香港ドルも固定で結ぶことによって，海外からの中国投資を惹きつけることに成功した。それによって，外貨とは交換できないソフトカレンシーの人民元が，香港ドルを媒介に，外貨と交換可能なハードカレンシーになったのである。

さらに，貿易も香港経由で行うことで，1960年代に長く続いた中国封じ込め政策に対抗することが可能となり，孤立を強いられた時代を切り抜けた。香港の存在は，物流でも金融でも，国際社会における中国の完全孤立を回避するうえでの下支えとなったのである。

こうした延長線上に，1980年代の華南経済圏の成功があり，1990年代の中国国有企業の香港市場でのIPO成功という事実が続く。一貫して，香港は，中国にとっても，国際社会と太刀打ちしていく宝刀だったのではないだろうか。香港という存在が，中国の孤立を回避し，中国と国際社会をつなぐパイプ役だったのである。

ともあれ，開放経済化によって市場経済は進展した。そうすれば，市場経済に相応しい政治的改革を求める声が高まることは必至だろう。それこそ，1989年6月の天安門事件の背後に作用したエネルギーだった。天安門広場で大群衆が民主化を求めたが，軍隊がそれを弾圧した。考えてみれば，この中国動乱は，東欧で起きた一連の民主革命（とりわけ，1989年12月，ルーマニアで起こったチャウシェスク大統領夫妻の公開処刑は衝撃的だった）に先んじて起こったことである。

しかし，中国の天安門事件は，旧東欧の社会革命の中国版にも，さらには第2の旧ソ連邦にもならなかった。ベルリンの壁崩壊やロシアの1991年夏のクーデターのような激しい政変は，中国では起きなかった。逆に，企業家や資本家を共産党員に迎え入れ，共産党政権の基盤強化が続いた。

しかし，人口13億を抱える地方の民衆の貧困ぶりは凄まじく，その上，戸籍制度によって容易には都市への移動ができず，

さらには国民皆保険や皆年金のような社会保障もなく, 地方で労働できなくなれば, 所得が途絶えるという不安は続く。そこで, 都市への流入でなんとか雇用機会を目指すことになる。

ともあれ, 天安門事件当時の鄧小平は一時, 雲隠れして公共の場に姿を見せなかったが, その後採られた方向は, さらなる華南経済圏を作って, 中国経済の発展を目指すというものだった。上海, 北京, 大連等々, 各大都市に「特区」が作られ, 新たな投資を呼び込もうとしたわけである。鄧小平の南巡講和として歴史に残る。1992年のことである。

さらなる自由化を宣言した鄧小平のアナウンスメントによって, 中国は第2の東欧になる道を閉ざした。政権は, 政治的自由を封殺して, 代償として経済的自由を, 民衆に付与したということである。ここにも, 自由か規制か, あるいは, 資本主義か社会主義かといった二者選択はなかった。

著者も, 上海証券市場を見学した折, 幹部相手に「この証券市場の発展は, 資本主義の勝利なのか, それとも社会主義の勝利なのか?」と質問したことがある。幹部は言った。「問題は, 中国が豊かになることです。名前なんて, どちらでもいいのです」と, 流暢な英語で返ってきたことが記憶に残る。

一方, 日本ではどうか。「中国は一党独裁国家」「もうすぐ中国バブルは崩壊」。このような紋切型の中国批判が, いまだに耳にする, 長年聞いてきた台詞である。

◎広域中国の中心・香港

香港は中国本土にとって特別の意味合いをもつが, 華人にとっては, また別の意味をもっている。広東省や福建省から中国を脱

出した中国人のほとんどが香港経由だった。東南アジアや欧米へ離散した華人にとって，香港はシンガポールと並び，特別の場所だった。華人にとって，権力が，常に警戒すべき対象であり，したがって，自らの財産を保全する場所として選択される。だからこそ，華人の財産の預託地として，2つの金融センターは発展を遂げたのではないだろうか。

しかも，いずれも，米ドル選好で，香港は香港ドル，シンガポールはシンガポール・ドルという通貨名である。いずれも，元英国領であった（1965年，シンガポールはマレーシアが英国領から独立したときに，シンガポールとして建国した）にもかかわらず，後退気味の英ポンドを捨て，基軸通貨だった米ドルとのリンクを選択した。

とくに，香港ドルの最大の発券銀行は，香港返還の直前にロンドンに本店を移し，英国のビッグ4の一つミッドランド銀行を買収して，アメリカのシティグループと並ぶ巨大な多国籍銀行に浮上したHSBC（香港上海銀行グループ）である。香港最大手の銀行であり，香港経済に重大な影響力をもつことに変わりはない。しかし，香港の中国返還と入れ替わるように，HSBCは英国へ渡り，今では英国系多国籍銀行の筆頭として，世界中にネットワークを張る。そのキャッチ・コピーはThe world's local bank（世界の地元銀行）である。

ところで，東南アジアを眺める日本には，2012年に勃発した尖閣諸島をめぐる日中対立や過激な反日デモが繰り返す中国を見限って，東南アジアにアジア提携の主軸を移すべきだという論調がある。「中国＝反日，ASEAN＝親日」だと類型化する単純な図式すらあるが，はたしてASEANに移れば，親日的風土だと

楽観的に割り切れるものだろうか。

　ASEANがすべてマハティールのような姿勢だというわけにはいかない。マハティールは，英国の植民地だったマレーシアで生まれ，教育を受けるなかで，そこで大きな宗主国としての権力を握っていた英国のみならず，華人の経済的圧力にも反発したからこそ，日本贔屓の心情が育まれたのである。そうした大の親日家だった政治家を味方に入れることができなかったことほど，日本外交のお粗末さや未熟さを象徴するものはない。

　先に挙げた東南アジアを代表する巨大な企業集団は，そのほとんどは華人系である。しかも，お互い，そのビジネス・ネットワークは強力で，血縁関係をベースにしたファミリー・ビジネスで，さらには，広東省や福建省といった言葉と出身地を同じくする者同士の結びつきを重視することが多い。

　歴史家ファーガソンは，西洋の後退とは対照的に，中国をはじめとするアジアの台頭を見る。そして，西洋優位の時代が終わり，覇権の行方が中国だという近未来の構図を予想している。

　ファーガソンが挙げているアジア・イメージは興味深い。それは，中国という国家単位ではなく，むしろ，図4-7のように，中国＋香港＋シンガポール＋台湾という広域中国を認識することである。1980年には対米比率でわずか20％にすぎなかった広域中国のGDPは，2000年頃には40％，2009年には90％と，追い付いてきている。

　この高成長中華圏に，華人が圧倒的経済力を握るASEAN経済を加えると，そのGDPはアメリカとすでに互角である。もっとも，ASEANは華人だけが仕切るわけではなく，ファーガソンのように，香港，シンガポール，台湾までに抑制して広域中国と

図 4-7：広域中国（中華人民共和国＋香港＋シンガポール＋台湾）GDP のアメリカ GDP に対する比率（1950 ～ 2009 年）

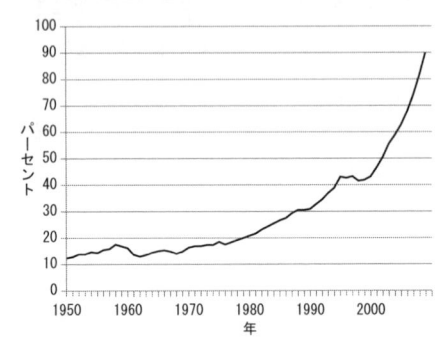

出所）ニーアル・ファーガソン『文明』勁草書房，2012 年。

する方が現実的かもしれない。ともあれ，広域中国圏の急成長はめざましい。

　ファーガソンは，近未来予想図として，世界はハンチントン流の「文明の衝突」に向かうのではなく，「文明の崩壊」ではないかと読む。実際，この 20 年間の対立と戦争は，その多くが，ハンチントン流の文明相互の戦争ではなく，同一文明内部の戦争である。したがって，ひとつの文明は，内部の人々が自らの文明に自信を喪失し，次第に崩壊に向かうのではないかと予想するのである。

　いかに香港というポジションが中国にとって重要であるか。意外に知られていないが，1997 年 7 月にタイバーツの激しい売り浴びせで通貨危機が始まったが，実はその直前の 5 月，香港ドルをめぐるヘッジ・ファンドと中国の，否，米中両政府の激しい攻防があったのである。だが，香港ドルと米ドルの固定リンクを外さないという中国政府の不退転の決意に面食らったヘッジ・ファ

ンドが，香港から撤退し，投機の対象をタイバーツに切り替えたのである。

そこには，金融投機のみでなく，米中の政治力学が絡む。アメリカからは，投資銀行のゴールドマン・サックスの共同会長から政界に転じた（アメリカでは官と民を跨ぐ人事交流を，「回転ドア」とも，あるいはアメリカ版 crony とも言う）財務長官のロバート・ルービンが，中国からは「中国のゴルバチョフ」と称された経済通の朱鎔基（当時の副首相）が，国の権威を賭けた通貨戦争の只中にいた。

つまり，未遂として終わった香港ドル危機というもう一つのアジア通貨「危機」があったのである。ここには，国際政治力学と通貨というものがいかに密接に絡むのかが端的に表れている。政治が無能で無力の場合は，通貨はいいように投機圧力に翻弄される。換言すれば，政治が毅然とした姿勢を示せば，通貨危機を追っ払い，為替相場の安定を維持することは可能なのである。

ジャーナリストの田村秀男は「香港マジック」と称して，香港で蓄財に励む中国国有企業の話を紹介する。国有企業幹部のダミー会社が香港にダミー会社を作り，そこで，蓄財に励む光景である。そこで入手した不動産を即金で売買する。あるいは，株式上場に関しては，インサイダー情報で価格を釣り上げる等，中国本土からやってきた幹部が，香港の株式や不動産で大儲けを企てることは日常茶飯である。この不動産と株式のバブルで稼いだ資金こそが，中国の潤沢な外貨準備へとつながる錬金術だった。

田村の筆致で注目すべきは，アジア通貨危機の本当の発端は，未遂に終わったが，香港ドルを標的にしようとした 1997 年 5 月だったという見解である。香港の親中派財界人（名前は徐展堂）

が，投機筋が香港ドルを売り投機の標的にするという情報を入手し，それを朱鎔基副首相（当時）に，国有銀行幹部を仲介して通報した，と。この極秘情報について，田村は，未確認だと断わったうえで，「朱鎔基は財務省のルービン長官に対して，『アメリカのファンドが香港ドルの投機売りを始めるなら，中国はアメリカ国債を大量に売り，その資金で香港ドルを買い支えざるをえない』とはっきり伝えたはずだと徐展堂周辺から聞いた」，という（田村『人民元・ドル・円』岩波新書，2004年）。

　もちろん，この後，ジョージ・ソロス等のヘッジ・ファンドが香港ドルを標的にすることはなかった。そこには，ワシントンの政治力学が働いていると判断できるだろう。田村も，「香港市場の重要性」を口にし始めた当時のサマーズ米財務副長官の発言を根拠に，そう推理する。この展開を日本でかつて米国債を売る誘惑にかられると発言したこと（1997年6月）がきっかけで，ニューヨーク株の下落を生み，ついに失脚につながった橋本龍太郎の推移と比べれば，分かりやすい。米国債売りという切り札を巧妙に使った中国の強かな交渉力が浮かび上がる。

　逆に言えば，香港ドルの米ドルとの固定でのリンク（カレンシー・ボード制）の維持こそは，中国にとって死活に関わる最重要事項だったということである。当時も現在も，香港ドルは，1米ドル＝7.7〜7.8香港ドルという相場で安定している。日本で過ごせば，米ドルと円相場が市場で乱高下する日々の光景に慣れてしまい，相場とはこんなものだと思いがちである。しかし，同じ金融市場で，しかも大きな金融市場でありながら，これほどまでに為替相場の安定性を維持した香港ドルに，これもまた彼我の差を見出してしまう。相場とは，政治力学を反映するものだとい

うことを思い知らされる。

　中国と香港財界が組んだ政治力を前にしては，ワシントンもヘッジ・ファンドも引き下がらざるをえなかったということである。通貨戦争とも言われる金融の最前線というものが，いかに政治力学と密接につながる世界であるかが分かる。政治力のない国の通貨は乱高下に翻弄されるだけである。朱鎔基の断固たる決意は，香港を攻めずに残した毛沢東の遺志を継ぐものだろうか。

　エズラ・ヴォーゲルは『中国の実験』（日本経済新聞社，1991年）で，改革開放が始まった頃，華南経済圏の試行錯誤を続ける様子をいろいろな実例を引き合いに，描いている。それによれば，改革開放路線を疾走した中国経済の発展モデルの原型は，1980年代の華南経済圏にあった。

　ヴォーゲルが強調するのは，香港と広東の貿易が，華南経済圏の形成によって，いかに急増したかである。1980年と1987年を比較しながら，本土と香港との貿易がわずか約2倍の伸びにとどまったのに対して，間接貿易（香港経由での中継貿易）は10倍へと爆発的伸びを見せたという事実である。1980年代末の時点で，香港は，人口比で本土のわずか0.5％にすぎないにもかかわらず，中国全土を合せたのと同量の貿易量を誇るまでになったのである。

　こうした中継貿易の急増が実現したのは，中国本土が直接に世界市場と取引するよりも，マーケティングや金融や保険や市場調査等々，取引に関わる面倒なことをすべてこなす香港と，低賃金の労働力を膨大に提供する広東の両者の利害が一致したからにほかならない。

　委託加工貿易とは，香港（多くが多国籍企業の現地法人）から

広東省の郷鎮企業（広東の地方政府筋が設立した中小企業）に注文を発し，そこ向けに送付した部品財を，組立・加工して製品を作り，香港に再輸出することで，外貨を稼ぐという仕組みである。かつての中国社会主義の人民公社方式は廃止され，この郷鎮企業方式を採ることで，飛躍的に発展していった。これこそ，華南経済圏方式の成功の秘訣だった。

多国籍企業にとっては，自社工場を広東省に保有するリスクを負う必要がなく，都合がいい。広東省には，郷（村）や鎮（町）に中小企業を作り，そこで，在香港の多国籍企業から委託された部品財を組立・加工する。それを発注した在香港企業が，海外市場に輸出するという仕組みである。中国側には雇用と輸出が発生し，仕事と外貨が獲得できる。一方，香港側は安い労働力を得られる。広東省は労働力を提供し，香港は資本と技術を提供する。いずれにとってもwin-winの関係が実現された。

貿易ばかりではない。投資もそうである。1979年〜2004年の累積での中国本土向け直接投資に占める香港からの投資割合は，43％にも上り，アメリカの8.5％，日本の8.3％を大きく上回っている（データは，*China, Hong Kong and the World Economy*, edited by Lok Sang Ho & Robert Ash, Palgrave Macmillan, 2006）。これは，中国に投資しようとする多国籍企業は，概ね，香港の拠点（香港子会社）を経由して，大陸に投資するからである。これは，中国事情に精通する香港を仲介者として利用することによって，投資リスクの軽減を図る欧米や日本の多国籍企業の狙いがあった。

この取引によって，最大の便益を享受した街こそ，広東の深圳である。深圳は，1970年代まで小さな寒村にすぎなかったが，

人口の社会的移動によって，瞬く間に巨大都市へと伸び上がった。1985年の18万人から，2005年には790万人へ（前掲『消費するアジア』参照）と，20年間に，44倍への人口増を記録したのである。アジアがメガ都市の時代だと言われながら，いったい，これほどまでに人口が急増した都市がほかにあるだろうか。そのほとんどが社会的移動による人口増だというから，経済的発展による所得機会の増大という吸引力が，いかに大きな人口移動をもたらすのかが分かる。

1993年，深圳の国際会議に招聘されて出席した著者に対して，案内役の中国人が，「まだ深圳は，第2の香港だが，10年すれば，香港こそ第2の深圳だと言われるようになる」と，胸を張って言ったことが記憶に残る。香港返還前だったが，香港から深圳には比較的容易にアクセスできたが，対照的に，本土から深圳への移動は，検問所で人や車を慎重にチェックしていた光景が記憶に残っている。深圳で働きたいとする本土中国人の流入圧力がいかに大きなものだったかが推測できる。今では，深圳は，上海に次ぐ巨大な証券取引所をもつまでになっている。

この香港の広東を引き込む成功によって，1980年代中ごろに東京に追い抜かれるまで，香港は，ロンドン，ニューヨークに次ぐ，アジア最大の金融センターとしての地位を保持した。さらに，海上交通では，1987年に，ロッテルダムを抜いて，世界で最多のコンテナ扱い量を誇る港湾にまで成長した。

◎ ASEANの疾走

ASEAN（東南アジア諸国連合）くらい，発足時とその後の推移で，その性格を大きく変えた国際組織も珍しい。結成されたの

は，ベトナム戦争が激しさを増しつつあった1967年だった。共産主義が連鎖的に波及すること（ドミノ理論）を遮断するというのが大義名分だった。北ベトナムの脅威を防ぐ防波堤の役割こそが，ASEAN結成に付託された期待だった。

主舞台はインドネシアであり，後押ししたのは北ベトナムへの爆撃に明け暮れていたアメリカだった。インドネシアは，1955年，アジア・アフリカ会議とも称されたバンドン会議が開催された。その主催者のスカルノ大統領は，非同盟運動の創設者として，名を残す。日本も出席者名簿に名を連ねた。

インドネシアは，今も，2.4億人の人口を擁し，中国，インド，アメリカに次ぐ世界4位である。圧倒的にイスラム系が占めるなか，アメリカは，第3世界の旗手でもあったスカルノ打倒を企てるスハルトを支持した。このように，ASEANの出発は，イデオロギー色の濃い政治的性格の強い組織として結成された。

1965年，スハルトは軍事クーデターを起こし，インドネシア中で虐殺の猛威が吹き荒れた（9.30事件）。一説によれば，わずか1カ月あまりで，少なくとも50万人，場合によっては100万人が殺害され，ジャワ島東部では，川や水路が死体で堰き止められるほどだった（ナオミ・クライン『ショック・ドクトリン（上）』岩波書店，2011年）。

スカルノが西側に嫌われたのは，IMFや世界銀行からの脱退というスカルノの政策も，欧米の怒りを買ったからにちがいない。機密扱いが解除された英国外務省ファイル（1964年）には，戦場ジャーナリストのピルジャーによれば，「世界の天然ゴムの85％，錫の45％，コブラの65％，クロミウム鉱石の23％がこの地域で生産されている」と記されていた。だからこそ，IMFや

世界銀行は，スハルトによって政権奪取されたインドネシアを指して，「優等生」と評してきた。インドネシア中枢で経済政策を企画・指導した政策グループは，その出身大学名に因んでバークレー・マフィアと呼ばれた。

ピルジャーは，スカルノの，東南アジアにおける権益保持を狙った欧米の新植民地主義批判は正当だったと言いながら，「アジアにおけるグローバル化はインドネシアの血の海の中から築かれたとも言える」，と言う。それだけではない。インドネシアの政権転覆は，1972年，チリのアジェンデ政権を転覆させるうえで，アメリカ主導のクーデターが見本とした「モデル」だったという，CIA作戦担当官ラルフ・マックギーの証言を伝えている（前掲『世界の新しい支配者たち』）。

実際，チリのアジェンデ政権転覆への気運が高まったとき，サンティアゴ市内の壁には，赤いペンキで書かれた，「ジャカルタがやってくる」という警告が現れた，と（前掲『ショック・ドクトリン（上）』）。

ASEANといえば，こうした軍事色あるいは独裁色イメージが圧倒的だった。ASEANの事務局があるジャカルタを率いた軍部出身のスハルトはその典型だと言えるだろう。スハルトによる軍事クーデターを，ピルジャーはジェノサイド（大量虐殺）だったと言い，ナオミ・クラインは，惨事便乗型資本主義（disaster capitalism）の典型として認識する。そこでは，独裁政権が上からの強権政治で経済開発を推し進める開発独裁が続き，通貨ルピアの暴落が社会不安を招いた1998年の通貨危機まで，30年以上にわたって権力を掌握した。

ところが，1975年にベトナム戦争が終焉し，反共連合として

の性格が時代に合わなくなり，ASEAN は，次第に東アジアの共同体形成に向けて，経済的統合を押し進める主要なエンジンとしての役割に変貌していったのである。この過程は，ヨーロッパの共同体結成，その後 EC から EU へ，さらにはユーロ誕生を率いたのが，ドイツとフランスという2大大国の共闘だったという歴史的推移を考えれば，きわめて対照的である。

　ヨーロッパは最初から，政治的協議が先行するなかで，経済的統合の果実を目指す諸政策が遂行された。域内交易比率が上昇したのは，域内と域外の取引を差別化した関税政策の結果である。域内取引は関税を低く，域外取引には関税を高くすれば，域内取引の比重が上がるのは当然である。それは，ヨーロッパの域内取引を政策的に誘導した結果である。

　さらに，ニクソン・ショック（1971 年 8 月）で米ドルの金交換停止を機に，ヨーロッパの通貨協力は数段進んだ。通貨が暴落の憂き目にあるときは相互に買い支え，為替相場の安定を期す取り決めは 1970 年代から大きく進展した。つまり，覇権国家のアメリカの政策遂行の変化に対応するなかで，ヨーロッパは独自の政策を志向してきたのである。

　では ASEAN はどうか。経済的統合に関しては，具体的な統合政策へのデザインも制度的中心地もなかった。もちろん，事務局はジャカルタにあるが，それは EU 連合の本部があるブリュッセルと意味が違う。そこには，ASEAN 統合を進める委員会も議会もない。したがって，域内化を促すような組織も思考もなかった。アジア共同体を進める理念を強いて言えば，オープン・リージョナリズム（open regionalism）だろう。これは，元々，オーストラリア国立大学のドライスデールが言い始めた表現だが，そ

こにはオーストラリアの利害が関わっていた。

1980年代のオーストラリアは，英国のECへの傾斜（EU合意はマーストリヒト条約がなった1991年）によって，英連邦という団結心が揺らいでいた。さらに，オーストラリアにとって，経済的取引相手といえば，日本をはじめ，アジア諸国が中心だった。したがって，東アジアでの共同体参入から除外されれば，所属地がなくなりかねない懸念があった。したがって，東アジアでの共同体形成に躍起となり，その特徴を性格づける理念は，open regionalism と Asianization（アジア化）にほかならなかった。

ASEANの経済関係においても，域外地域が圧倒的に域内を上回る。ASEANの輸出に占める域内比率は24.5%，輸入に占める域内比率は24.6%で，いずれもほぼ4分の1にすぎない。それでも，歴史的には，上昇してきた結果として，この程度なのである。

上位取引4カ国（図4-8）は，ASEANの輸出先では，1位中国12.9%，2位EU10.4%，3位日本10.1%，4位アメリカ8.7%である。ASEANの輸入先では，1位中国14.4%，2位日本10.7%，3位EU8.9%，4位中東8.1%と続く。しかも，これでも，域内取引依存度は，経済成長とともに，上昇したのである。いずれも，域内取引比率が域外取引を大幅に上回るEUの歴史とは対照的である。

EUとは違い，域内優先に拘泥すれば，経済規模の小さなASEANは経済成長が疑わしく，当初から，域外取引との順調な関係のうえに，経済の舵取りを余儀なくされたということである。とくに，日米中の巨大な3カ国との経済関係が最優先された

図 4-8：ASEAN の貿易

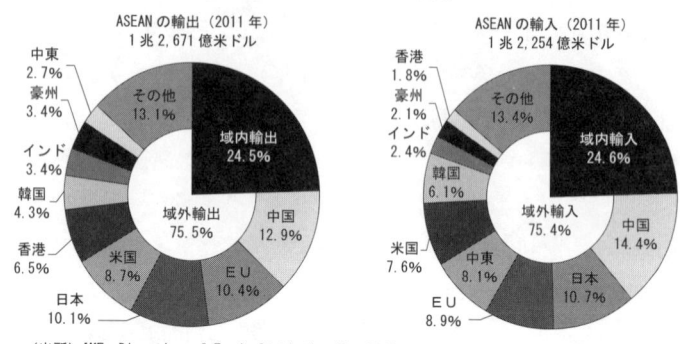

ASEAN の輸出（2011 年）
1 兆 2,671 億米ドル

- 中東 2.7%
- 豪州 3.4%
- インド 3.4%
- 韓国 4.3%
- 香港 6.5%
- 日本 10.1%
- 米国 8.7%
- EU 10.4%
- 中国 12.9%
- その他 13.1%
- 域内輸出 24.5%
- 域外輸出 75.5%

ASEAN の輸入（2011 年）
1 兆 2,254 億米ドル

- 香港 1.8%
- 豪州 2.1%
- インド 2.4%
- 韓国 6.1%
- 米国 7.6%
- 中東 8.1%
- EU 8.9%
- 日本 10.7%
- 中国 14.4%
- その他 13.4%
- 域内輸入 24.6%
- 域外輸入 75.4%

（出所）IMF, Direction of Trade Statistics May 2012

出所）外務省アジア太洋州局「目で見る ASEAN」2012 年 11 月。

という点に特徴がある。逆に，域内優先に拘泥し，域外に対する差別的関税を採っていたならば，弱小の ASEAN 経済そのものが維持困難に陥ったにちがいない。そういう意味では，オーストラリアのドライスデールが説いた open regionalism という東アジア共同体の理念は，オーストラリアだけでなく，ASEAN の採りうる理念でもあった。

ただ，近年の日本の論調で気になるのは，日中韓の領土を挟んだ政治的対立を前にして，中国を捨てて，ASEAN に向かおうという見解が聞こえてくることである。しかしながら，ASEAN の利害は「親日一辺倒」というわけでもない。なぜなら，ASEAN での経済的実権は，圧倒的に華人が握っているからである。

インドネシアで通貨危機が襲った頃（1998 年），華人の多くは身の安全を考えて，シンガポールに逃げだし，財産も一時逃避した。シンガポールとジャカルタを飛ぶ飛行機便は，深夜でも，満席だったことを思い出す。シンガポールは，東南アジアにお

いて，唯一，華人が圧倒的に居住する地である。ほかのASEANは，いずれも少数派であり，インドネシアやマレーシアでは，自国民優先政策（ブミプトラ政策）が採られ，華人が権力に関わらない政治制度になっている。

しかしながら，経済的な面は，圧倒的に華人が握る。それはどこのASEAN国家でも同様である。資本市場の上場数でも，企業資産でも企業売上高でもそうである。政治にこそ直接は手を出さないが，それを背後で操作するのは華人である。タイでは華人は全人口の10％程度にすぎないが，資本の80％以上を所有する（涂照彦，前掲書）。

華人は個人的結束が固い。グローバリゼーション下における人々のアイデンティティが，かならずしも，国家や領土に縛られないもの（非領土性）になりつつあると，陳天璽は主張する。ネットワークを束ねる鍵は，中華意識，家族，出身地，出身学校，趣味等々であり，非領土や脱領土という性格が強まり，華人のアイデンティティの多重化や多様化が指摘される（陳『華人ディアスポラ』明石書店，2001年）。

もちろん，ディアスポラという名称からは，離散するユダヤ人が連想されやすく，したがって，暗い哀しいイメージが随伴されるが，陳の言う華人ディアスポラ論は，海外に広範に広がる華人を結ぶネットワークという，閉鎖的ではない前向きのダイナミズムが語られる。ともあれ，中華のベースゆえか，その結合力や連帯感は健在である。

日本社会のように，個人が属する組織の権威に頼るのではなく，あくまで個人が重視される点で，華人社会は欧米と似る。1995年に世界の富豪ベストテンに入った香港の李嘉誠（Li Kashing) グループは，1940年代に難民として広東から香港に渡った後，造花の香港フラワーで財を成し，現在は，「香港の不動産王」と呼ばれ，様々なビジネスに手を広げる。

インドネシアのサリム (Salim)・グループも有名である。インドネシアで富豪と言われる人々はすべて華人であるが，とりわけインドネシアは人口比でわずか3〜4%にすぎない華人が，民間資本の7割を所有するが，その圧倒的中心に座るのが同グループである。総帥スドノ・サリムも，李嘉誠同様，1938年，一文無しで福建からジャワに逃げたのである。戦後に権力を握ったスハルト政権に賭けて，ありとあらゆるビジネスに手を染め，香港にも，ファースト・パシフィック・グループとして，巨大な地位を占めている。

タイのチャローン・ポカパン (CP) グループは，農業や飼料を中心に多角的に出店する。日本のセブン・イレブンにとって，タイは日米に次ぐ出店先だが，その提携相手がCPグループである。CPグループのネットワークを借りて，セブン・イレブンはタイの巨大なコンビニに成長した。著者も，バンコクに滞在したとき，セブン・イレブンの店舗が多いことに驚いた。

タイにはもう一つ，東南アジア最大手の銀行であるバンコク銀行があるが，その所有者として有名なのが，ソーポンパニット・グループである。バンコク銀行はタイのみならず，東南アジアの華人ビジネスに精力的に資金を貸付け，ビジネスのネットワークを広げていった。そのタイでの存在感（預金保有シェアからビジネスの広がり）は巨大である。

かくて，こうした華人のファミリー・ビジネスを中枢とする華人企業ビジネスは，家族所有をベースとしながらも，香港やシ

ンガポールの金融センターを拠点の一翼とする。その所有や提携等,華人相互の強い絆は,バンブー・ネットワーク(Bamboo Network)と呼ばれる(マリー・ワイデムバウム&サミュエル・ヒューズ『バンブー・ネットワーク』小学館,1997年)。

ASEANが経済的成長を果たし,航空機や電信電話といった近代的産業の発展が,ASEANにいる華人のビジネス・リーダーと香港の関係のネットワークを強化した。そのコミュニケーション言語が,圧倒的に広東語だったからだというのが,エズラ・ヴォーゲルの見解である。在外華人のほぼ80%が広東出身だったからである。台湾人は福建省がルーツだったが,香港とマカオの住民は広東省がルーツだった(前掲『中国の実験』)。

◎韓国とは何か

戦後の韓国ほど,激変を続けた国も珍しい。金大中事件は,1973年8月,東京のホテル・グランドパレスで起きた。当時のKCIA(韓国中央情報部)によって同ホテルから拉致され暗殺されかけた金大中は,発見されたとき,ソウル自宅に監禁の状態だった。

あるいは,1979年10月には,大統領の朴正煕(第2次大戦時は満州国軍人であり,1961年の軍事クーデターで政権掌握)が宴会の席でKCIA部長によって射殺された。この事件に乗じて,全斗煥が政権を掌握し,朴大統領射殺犯を逮捕,処刑し,戒厳令を敷いた。1980年,光州で起こった民主化要求ではデモ隊を次々に虐殺したが,この全斗煥軍事政権は1987年まで続いた。

この長い軍事独裁政権が続くのは,スハルトのインドネシアと同様であり,軍がトップに立って,上からの強権で以て経済立て

直しを図るといった手法も類似する。軍政権の後退と，民主化が進み始めたのは，ソウル・オリンピックが開催された1988年頃である。

1997年12月，韓国ウォンが大暴落という通貨危機の最中，かつて東京のホテル・グランドパレスで拉致され暗殺未遂の被害者だった金大中が大統領（在任は1998年〜2003年）として登場した。1970年代には，その多くを刑務所で過ごし，KCIAによる暗殺未遂もくぐり抜け，全斗煥軍事政権下では，死刑判決（1980年）まで宣告されたにもかかわらず，復活を遂げた金大中は，アムネスティから「良心の囚人」と呼ばれた。

言い古された言い方かもしれないが，「近くて遠い国」，それが著者の韓国イメージだが，読者の皆さんはどうだろうか。かつて，釜山の岸壁で日本側を眺めながら，著者が「ここから元寇は来たのですね」と言ったら，隣にいた韓国人が，「ここに秀吉軍はやって来たのです」と応じた。同じ海峡の風景を眺めながら，お互いの脳裏に浮かぶ内容のあまりの相違に，顔を見合わせて笑った。お互いの微笑が救いだった。

歴史的事実は，イメージと異なることがままある。たとえば，元寇といえば，圧倒的に，鎌倉武士の活躍や神風と称される台風によって，蒙古軍が惨敗した話題ばかりが繰り返され，「日本は神国」という神話が作られた。どの民族も，サクセス・ストーリーを好み，惨敗した話題などには触れたがらないことは洋の東西を問わない。

しかし，その中間の海峡に位置する長崎県壱岐島は，その多くが襲ってきた蒙古軍に惨殺されるという歴史を抱え，今日まで言い伝えられている。さらに，当時の朝廷側は蒙古とうまくやって

いく方途を探っていたが，鎌倉の武家政権は，蒙古の政敵たる南宋からやってきた渡来僧（禅僧）からの情報によって，「蒙古憎し」という思いに傾いていた。当時の中国では，蒙古は南宋に襲いかかる「巨敵」と考えられていたからである。情報をどこから取り入れたかによって，情勢判断は大きく異なる。

閑話休題。現在，経済的には，中国の成長に目を奪われがちだが，韓国の経済成長や企業発展，および政治制度の変化も激しい。いまや，韓国は先進国の代名詞であるOECDのメンバーであることをどれほどの日本人が知っているだろうか。

ともあれ，1980年代までは，まだ軍事独裁政権だったことを思うと，その後の民主主義が育んだ韓国の変貌は著しい。これも，冷戦後に変化した体制の賜物だろう。サムスン電子や現代といった代表的企業の躍進ぶりも凄まじい。韓流と称される文化のダイナミズムにも驚く。かつて，韓国は日米の支援がなければ倒れてしまう脆弱な「竹馬経済」だと言われた時代の名残は薄い。軍事独裁，脆弱な経済，それに戦前の植民地の歴史と併せ，日本社会ではあまり韓国の話題に触れたがらなかった。

著者も，欧米や中国には繰り返し調査で出かけたものの，韓国に行ったのは2004年春が初めてだった。しかも，それは大阪時代，著者が受け持った社会人院生に，釜山からの優秀な留学生がいて，かれの案内で漸く訪問する気になった。正直に言えば，歴史問題等々に対する苦い過去が，高い心理的ハードルとなっていた。著者にとって，韓国は近くて遠い国だった。

韓流ブームとやらで，韓流ツアーに出かける中年女性が増えても，それは所詮，一過性のものだろうというくらいの認識だったことも否めない。しかし，植民地時代の名残として，慰安婦問題

や竹島問題が浮上し，またサムスン電子や現代自動車の快進撃など，もはや韓国を知らずには済まないという事情も高まる。ビジネスでも，文化でも，さらには歴史問題でも，自分の考えをもつために，正確な韓国論に通じる必要性を感じざるをえない。

かつて韓国ソウルでヒアリングを行った際，印象に残ったことがある。相手をしてくれた大学研究者が，アジア通貨危機についての著者の質問に対して繰り返したのが，「ASEANのアジア通貨危機と韓国を一緒にしないでほしい」という台詞だった。「なぜならば，韓国はいろいろな工業分野でトップクラスの産業をいくつももつからだ」と豪語した。そこには，先進国としての韓国の自負をひしひしと感じた。

あるいは，ずいぶん以前，在日コリアンから聞いた話だが，韓国人が一番屈辱的に感じるのは，韓国ではこれほどまでに日本をライバル視しているのに，日本では問題にしていないということだ，と。韓国から眺める支配的日本像が，世界で競う対等のライバルだと認識するのに対し，日本から眺める支配的韓国像は旧態依然とした高みから見下ろす南北問題的視点に留まる。

日本の韓国を眺める眼差しは，中国やASEANに向ける，時代錯誤的な眼差しと共通する。こちら（日本）は豊かで，向こう（アジア）は貧しいとする意識である。

しかし，世界市場に占める韓国産業のランキングを知れば，そういった認識が的外れであることを思い知らされる。自動車や鉄鋼や半導体をはじめ，代表的な重化学工業の生産額はいずれも世界トップクラスなのである。

韓国の経済発展の歴史的推移を概観しておこう。朝鮮戦争を終えたばかりの1950年代，韓国は最貧国の一つで，1人当たり所

得は 100 ドル以下,ハイチやエチオピアやペルーやホンジュラスやインドよりも,さらに低かった。それが 1960 年～1997 年には年平均 8% 以上の成長(ソウルを流れる河の名前にちなんで「漢江の奇跡」と称される)を遂げた。

そして,ついに 1997 年には 1 人当たり所得は 1 万ドルを超え(10,973 ドル),先進諸国の代名詞である OECD 加盟国入りを果たした(1996 年 12 月,ちなみに日本の加盟は東京オリンピックが開催された 1964 年の 4 月だった)。

そのとき,韓国は,GDP では世界 11 位,コンピュータ・チップ生産では世界 1 位,造船生産では世界 2 位,半導体生産では世界 3 位,エレクトロニクス生産では世界 4 位,自動車生産では世界 5 位,鉄鋼生産では世界 6 位,繊維生産では世界 7 位という具合に,経済力の浮上ぶりが目立った (Shalendra D. Sharma, *The Asian Financial Crisis*, Manchester University Press, 2003)。

それに,通貨危機を機に自由化を進め,外資の新規参入が増えはしたものの,ASEAN とは異なり,経済の実権は華人ではなく,財閥が握っている。文化でも,代表的新聞は母国語(ハングル)で書かれた朝鮮日報と東亜日報である。つまり,ASEAN の多くの代表的新聞といえば英字紙が多く(たとえばタイの Bangkok Post やインドネシアの Jakarta Post),母国語新聞は大衆紙になってしまっているような状況とは,韓国は異なる。その点で,日本や中国と同じである。

ちなみに,英語を第 2 公用語にすれば,日本の国際化が進むというような俗論も日本では聞こえるが,サミュエル・ハンチントンも言うように,言語は民族のアイデンティティを支える鍵だということを考えれば,安易な英語公用語化論は,民族の存続を危

うくする。

2012年12月4日の株価終値で，日韓の代表的企業の株価時価総額を比較すれば，サムスン電子は，トヨタの4割増，ホンダの5倍以上，新日鉄住金の8倍以上である。一方，グローバル化の圧力が競争を激化させ，社会保険もないまま低賃金を強いられる非正規雇用を増大させ，生活難は深刻である。

自殺率（10万人当たりの自殺者数，2009年データ）は，韓国はOECD諸国でワースト・トップの33.8人（日本は22.2人でワースト3位）で，高齢者（65歳以上）貧困率（2008年データ）も，ワースト・トップの45.1％（日本はワースト8位の22.0％）である。ちなみに相対的貧困率とは，所得の中央値（平均値ではない）の5割以下の人々の割合を言う。異常なまでのストレスフルな経済社会生活を強いられている韓国の人々の厳しい内情が覗く。

所得が伸びなくても，消費欲は高まる。そこで，所得の伸びを上回る家計負債が増加し，負債返済に窮する家計が続出している。住宅ローンやカードローン，あるいはノンバンクへの負債が増大し，その返済問題が大きな社会問題となっていて，それが自殺や貧困者を生む背景にあると推察される。韓国の高度成長経済の勢いはたしかに凄まじいが，その分，人々にのし掛かる精神的ストレスも想像に難くない。

かつて通貨危機に陥った韓国を管理下に置いたIMFが，2017年には，韓国は1人当たりGDP（PPPレベル）で日本を追い越すと予想する。さらに英エコノミスト誌に至っては，2050年に，1人当たりGDP（PPPレベル）で，アメリカを100とすると，韓国は105に上昇し，日本は58に後退すると予想する（「韓国の

強さは本物か」『週刊東洋経済』2012年12月15日)。

ソニーのHPによれば，液晶パネル製造を行うソニーとサムスン電子の合弁会社である（株）S-LCD株式会社（在韓国）について，ソニーが保有するS-LCDの全ての株式をサムスン電子が取得し，S-LCDはサムスン電子の100%子会社になることを，2011年12月に発表した。

S-LCDは，ソニーとサムスン電子が提携して，韓国に2004年，両社折半の出資で作った液晶メーカーだったが，6年で解消し，ソニーがサムスン電子に売却した。液晶技術を見込んで，ソニーは，シャープではなくサムスン電子と組んだが，結果は，うまく行かなかった。ソニーの撤退という印象が強い。

かつて，日本の植民地だった韓国は，竹島を占拠し，「従軍慰安婦問題」で戦時の日本を責め，生活のストレスを高めながらも，破竹の勢いのサムスン電子を筆頭に，経済は多様な矛盾を抱えながらも，快進撃を続ける。

2012年12月，選挙で選ばれた韓国の新大統領は，1979年に暗殺された朴正熙の長女の朴槿恵（パククネ）だった。韓国史上初の女性大統領の誕生である。

時代の動きは驚くほど速い。父親はクーデターで権力を握り，射殺されて逝ったが，その長女は選挙に勝って政権を掌握した。韓国の新たな時代を率いる女性大統領の誕生に，韓国は沸く。しかし，経済民主化という公約が，圧倒的な強さを誇る財閥支配のなかで，どう実現されるか，それとも失敗に帰すか。

問題山積は経済だけでない。外交も，李明博政権で冷え込んだ日韓関係のみならず，切迫する北朝鮮のミサイル問題等，多くの難問を抱え，希望と絶望が交差する。新政権の舵取りの行方に注

目が集まる。

◎日韓を比べて

長い軍事政権が続いた後の 1987 年 12 月に行われた大統領選挙では，有権者総数の 89.2％ が投票に参加した。国民が軍事政権の終焉に沸いた結果だろう（木村幹『韓国現代史』中公新書，2008 年）。2012 年 12 月に行われた日本の衆議院選挙の投票率は，戦後最低の 59.32％ で（『日本経済新聞』2012 年 12 月 18 日），同時期の韓国大統領選の投票率の 75.8％（*Sankei Express*, 2012/12/20）と比べて，相当に低い。一票を投じる選挙というものに対する日韓の空気の相違を教えてくれる。

弾圧や暴力に対して命がけで闘い民主主義を手に入れた国と，民主主義は占領軍からの「贈物」（ジョン・ダワー）だったと評される国の相違だろうか。選挙で選ばれた都道府県知事も，不思議と元官僚が多い。これでは，任命制だった戦前とあまり変わらない。

それにしても，冷戦後の「失われた 20 年」という閉塞感が日本を覆っている間に，政治も経済も社会も，大変な重圧に耐えながら，激動を駆け抜けた韓国のヴァイタリティには驚かざるをえない。

一方，成長も止まり，まるで思考停止で，価値観も昔のままの日本は変わらない。これを成熟と言うべきか，黄昏と言うべきか。「貧困なアジア」という旧聞の決まり文句が，日本ではなかなか消えない。活字で記すのも憚かれるほどの，若者の差別的感情の吐露に接することもある。無知であればあるほど，その傾向が強い。

日本では，状況は「変える」ものではなく，「変わる」ものだという意識が蔓延ると指摘したのは，作家の加藤周一だった（加藤，前掲書）。文筆家の関曠野は，そもそも明治以降における日本の近代化の行き詰まりは，戦前は大英帝国を真似，戦後はアメリカを真似た，いずれもミメーシス（模倣）にすぎなかったことに由来する，と言う。そのために，近代化の何たるかを理解できず，長い歴史的土壌に根差す近代化の在り方に失敗し，国土感覚を喪失したのだ，と（関『フクシマ以後』青土社，2011年）。いずれも，日本の近代化を根本から問い直す論説である。

かつて欧米でジャパン・スペシャリストを名乗っていた知り合いの多くが，アジア・スペシャリストと称するようになった。

4-2 の課題

1	中国，ASEAN，そして韓国のなかで，あなたが一番印象深い国やエリアはどこですか。この20年あまり，あなたの東アジアに抱く関心は変わりましたか。それは何故ですか。
2	香港に足を踏み入れると，アジアなのか英国なのか分からなくなることがある。密集した高層ビル街と，その狭間に息づく昔ながらの庶民の生活との対照は，風土とは何かを考えさせる。世界遺産とカジノが「売り」のマカオには南欧風の教会が残り，多くの観光客を集める。あなたは，香港とマカオといえば，どういうイメージを抱くだろうか。
3	韓国は最も近い隣の国です。そこで，変貌著しい国のダイナミズムを感じてみるのも一計。韓流，竹島，仁川空港，釜山港，ソウル最大のショッピング街・明洞（ミョンドン），あなたはどのエリアに興味がありますか。
4	上海外灘から，成長中国の象徴である浦東の高層ビル街が見える。この新旧の中心街を歩きながら，中国の長い歴史と現在を感じてみるのも一計。外灘にある有名な上海 Jazz の発祥地／和平飯店で，バンドの奏でる音色をバックに，歴史を回想するのも興味深い。中国の歴史と現在に浸ることができる。

あとがき

　2012年末に脱稿した本書は，著者の世界観や歴史観，さらに日本社会論をまとめたものである。世界経済の歴史を，日本との関係を中心に鳥瞰図的に捉えることを試みた。3.11で覚醒されたこの国の行方に対する不安，さらに「なぜ日本はこういう国になり下がったのか？」という断腸の思いと，学者としての自責の念，さらに，若い人々に対するエールを込めたことも，一筆しておきたい。

　同様の問題意識で，昨年は，『決断できる日本へ』（七つ森書館）をまとめた。併せてご参照願えれば，と思う。本書は，それとは異なり，世界観や歴史観を総動員し，日本社会を覆う政治経済学的な歴史認識を俯瞰してみた。

　あまりにも重箱の隅をつつくような些細な知識のオンパレードになってしまった昨今のアカデミズムでは，「近代とは何か？」「日本とは何か？」といったそもそも論は，議論の対象ですらなくなり，アカデミズムの社会的存在感は大きく失墜してしまった。あるいは欧米の権威ある学術誌に掲載されることだけを尊ぶ姿勢，さらには翻訳書の席巻等々・・・。

　日本社会や民族の存立基盤すら危うくする3.11についての専門家のコメントを聞きながら，専門研究なるものが，社会的には役に立たなかったことを痛感した。研究の動機を支えるのは，カネではなく，個々人の良心ではなかったのか。さらには，「人災」

だと断定されながらも，その責任の所在については，原発に異議を申し立てる一部の人々を除き，誰も問うことも，問われることもなかった。大手メディアも，まるで大本営無き大本営発表を垂れ流すだけだった。

総じて，ここ数年の日本が逢着する危機の緊急度は，日本の近未来の帰趨を決めるほどに深刻である。とりわけ，3.11直後の福島原発事故は，収束から遠く，さらに余震の続出が「第2のフクシマ」の不安を醸成している。さらに，尖閣諸島をめぐる日中対立が，あわや軍事的衝突かという緊迫した状況を繰り返す。そして，財政赤字の未曽有の増大は日本国債暴落が迫っているのではないかという不安を掻き立てている。

しかしながら，そうした国家や民族の存亡を左右するほどの緊急事態が続くにもかかわらず，この間，当事者たる野田政権（当時）が最も精力を注いだのは消費税増税だった。フクシマの収束へ向けた復旧作業の目立った進捗もなく，数十万人に及ぶ避難を余儀なくされた被災者への十分なケアもないまま，時間が過ぎていった。一方，日中対立回避のための外交交渉すら見出せないまま，専ら，アメリカ頼みというのは，何と哀しい光景なのだろうか。「アメリカに追随するだけというのは戦略とも政策とも呼べない」（『ニューズウィーク日本版』2013年3月5日）というコメントをかみしめたい。

危機脱出如何は，政府のガヴァナンス能力が大きくモノを言う。たとえば，人口わずか32万人のアイスランドは，一時は高レバレッジ（過剰借り入れ）による株式投資のブームに沸きながらも，2008年10月，投機筋の空売りによって破綻してしまった。しかし，市場の嵐が一段落すると，今や，食料やエネルギー

の自給は保たれ，教育も医療も無料，庶民生活には安心感すら漂うという。なぜならば，当局は，民間負債を国家化するという方法をとらず，別の方法をとったからである。銀行の国際部門を清算するために切り離し，資本規制によって資本逃避を食い止め，通貨切下げで競争力を引き上げ，結果，経済成長をプラスに導いた。危機後，社会が蘇生するか否かは，政府の対処能力次第だとつくづく実感する（アウスゲイル・ジョウンソン『アイスランドからの警鐘』新泉社，2012年）。

わたしたち日本人は，どこかで，世界や日本に関する歴史観そのものを，根本的に間違ってしまったのではないだろうか。上には無責任が，下には無関心が蔓延っている。この強い閉塞感のなかでは，人々の勤労や生活エネルギーの総合力である経済力GDPが停滞を極めるのも無理はない。その閉塞感を打破し，「失われた20年」を逆転させるには，どうしたらいいか。わたしなりの結論は，一見遠回りのようだが，歴史観や世界観を鍛え直し，カプチャンの言うgrand strategyを練り直すことしかない，と思う。

もっと率直に言えば，ウォルフレンが日本の普通の市民向けに放った，「知ることこそ力である」という文言こそ，至言として受け止めたい（『いまだ人間を幸福にしない日本というシステム』角川ソフィア文庫）。

世界と日本の激動に身を置きながら，歴史を振り返ったときに何が見えるのか，何を見るべきなのかを念頭に置きつつ，歴史観と世界観を一気に書き上げた。講義やゼミといった通常業務の傍ら，比較的ハイペースで執筆を進めることができたのは，文眞堂スタッフの手際のいいアドバイスと，家族の協力に負うところ大

である。機会を与えてくださった前野弘太氏はじめ，同社スタッフの方々に，心からお礼を申し述べたい。なお，本文中，すべての敬称は略し，肩書きは当時のものである。

2013 年 3 月

中尾茂夫

年 表

1274 年	第 1 回元寇（文永の役）
1281 年	第 2 回元寇（公安の役）
1405 年～33 年	明朝永楽帝が重用した宦官鄭和によるインド洋方面遠征
1453 年	オスマン・トルコによる東ローマ（ビザンティン）帝国陥落
1492 年 1 月	女王イサベルによるレコンキスタ成就（グラナダ陥落）
10 月	クリストファー・コロンブスのサン・サルバドル島到着
1495 年～98 年頃	レオナルド・ダ・ヴィンチによる「最後の晩餐」
1498 年	ヴァスコ・ダ・ガマのインド・カリカット到着
1503 年～06 年頃	レオナルド・ダ・ヴィンチによる「モナリザ」
1504 年	ミケランジェロによる「ダビデ像」
1509 年～10 年頃	ラファエロによる「アテネの学堂」
1513 年	ポルトガル人のマカオ初渡来
1542 年	種子島への鉄砲伝来
1549 年	フランシスコ・ザビエルの薩摩到着
1560 年	桶狭間の戦（織田信長が今川義元を撃破）
1571 年	レパントの海戦（スペイン，教皇，ヴェネツィアの連合軍がオスマン朝の海軍をギリシャ沖で撃破）
1580 年	大村純忠によるイエズス会への長崎寄進
1582 年 2 月	大村純忠等キリシタン大名の名代として，天正遣欧少年使節団の長崎出発
6 月	本能寺の変（織田信長没）
1584 年	フェリペ 2 世による天正遣欧少年使節団歓待
1587 年 2 月	スコットランド女王メアリー・スチュアートの処刑
6 月	豊臣秀吉によるバテレン追放令
1588 年	アルマダ（スペイン無敵艦隊）の海戦（イングランド女王エリザベスの勝利）
1597 年	豊臣秀吉の命令による長崎西坂の 26 聖人処刑

1598 年	豊臣秀吉没
1600 年	関ヶ原の戦い（東軍勝利＆西軍敗退）
	英東インド会社設立
1602 年	蘭東インド会社設立（世界初の株式会社）
1615 年	大坂夏の陣で，徳川家勝利＆豊臣家滅亡
1616 年	徳川家康没
1633 年	ローマ教皇による異端審問で，ガリレオ・ガリレイは地動説放棄を迫られる（1992 年に教皇が非を認めて謝罪）
1640 年〜60 年	英国ピューリタン（清教徒）革命
1688 年〜89 年	英国名誉革命
1703 年	元禄赤穂浪士事件（通称，忠臣蔵）
1733 年	ジョン・ケイによる織機飛び杼の発明
1764 年	ジェームズ・ハーグリーブスによるジェニー紡績機の発明
1771 年	リチャード・アークライトによる水力紡績機の開発
1779 年	サミュエル・クロンプトンによるミュール紡績機の発明
1789 年	フランス革命
1790 年	アダム・スミス没
1823 年	デヴィッド・リカード没
1840 年〜42 年	アヘン戦争
1842 年	南京条約（アヘン戦争の講和会議）で，香港が英国に割譲
1853 年	ペリー黒船来航
1860 年	桜田門外の変（大老井伊直弼暗殺）
1867 年 10 月	大政奉還
11 月	坂本龍馬暗殺（京都の近江屋）
1868 年	明治維新
1868 年 1 月〜	戊辰戦争（鳥羽・伏見の戦）
3 月	江戸無血開城交渉（西郷隆盛＆勝海舟）
1877 年	西南戦争
1881 年	日本銀行創設
1883 年	カール・マルクス没
1894 年	日清戦争
1895 年	下関条約
1902 年	日英同盟締結（1921 年に廃棄決定）＆日本興業銀行設立
1904 年〜05 年	日露戦争

214　年表

1905 年	米ルーズベルト大統領の斡旋で日露のポーツマス条約調印
1911 年	辛亥革命
1912 年	清朝滅亡，中華民国成立（首都南京，大統領孫文）
1913 年 11 月	江戸幕府最後の将軍・徳川慶喜没
12 月	米 FRB（連邦準備制度）創設
1914 年～18 年	第 1 次世界大戦
1917 年	ロシア革命
1918 年	シベリア出兵
1919 年	3.1 運動（万歳事件）
1923 年	関東大震災（死者・行方不明者 10 万人超）
1924 年	孫文の「大アジア主義」講演（神戸）
1925 年	孫文没
1929 年	ニューヨーク株大暴落，金解禁
1931 年	満州事変
1932 年 2 月	血盟団事件（井上準之助暗殺），
3 月	満州国創設（皇帝溥儀）
5 月	五・一五事件（犬養毅首相等の暗殺）
1936 年	二・二六事件（高橋是清大蔵大臣等の暗殺）
1937 年	日中戦争
1938 年	国家総動員法制定（近衛内閣）
1939 年	ノモンハン事件
1940 年	日独伊三国同盟締結
1941 年	真珠湾攻撃
1942 年	ミッドウェー海戦での日本軍敗北
1943 年	アッツ島での日本軍「玉砕」
1944 年	ブレトンウッズ協定成立（戦後の国際通貨システムが決まる）
1945 年 2 月	ヤルタ会談（米英ソ首脳による戦後処理討議）
3 月	東京大空襲，大阪大空襲
4 月	ヒットラー自殺
7 月	ポツダム宣言
8 月	Hiroshima・Nagasaki への原爆投下，日本降伏受諾
8 月	マッカーサー元帥，「バターン」号で厚木到着
9 月	東京湾の戦艦ミズーリ号での日本降伏文書調印
1946 年	ジョン・メイナード・ケインズ没

1949 年	中華人民共和国成立
1950 年〜53 年	朝鮮戦争
1951 年	サンフランシスコ講和条約＆日米安保条約締結
1954 年〜62 年	アルジェリア独立戦争
1955 年	バンドン会議（第1回アジア・アフリカ会議）
1960 年	安保闘争
1961 年	金プール協定成立
1964 年 4 月	日本の OECD 加盟，日本の IMF 8 条国
7 月	ベトナム戦争トンキン湾事件
10 月	東海道新幹線開通＆東京オリンピック開催
1965 年	インドネシアでの 9.30 事件（20 世紀最大の虐殺事件の一つと称される）
1967 年	ASEAN 結成（インドネシア，マレーシア，フィリピン，シンガポール，タイ）
1968 年 3 月	金二重価格性導入による金プール停止，ベトナム戦争／ソンミ村虐殺事件
1968 年	世界中で学生運動活発化
1969 年	東大安田講堂攻防戦
1970 年 3 月〜9 月	大阪万国博覧会
11 月	三島由紀夫割腹自殺
1971 年 8 月	ニクソン・ショック（米ドルの金交換停止）
12 月	スミソニアン協定
1972 年 2 月	連合赤軍人質事件（あさま山荘事件）
4 月	ノーベル賞小説家・川端康成自殺
1973 年 2 月〜3 月	スミソニアン協定崩壊による変動為替相場制へ
10 月	第1次オイルショック
1975 年	第1回サミット（先進諸国首脳会議）開催
1976 年 4 月	南ベトナムの消滅と南北ベトナムの統一
7 月	ロッキード事件による田中角栄逮捕
9 月	毛沢東没
1979 年 1 月	イラン・パーレビ国王の国外退去
2 月	イラン・ホメイニ革命（ホメイニ師帰国）
3 月	米スリーマイル島原発事故
11 月	在イランのアメリカ大使館人質事件

216　年表

1980年〜88年	イラン・イラク戦争
1980年	ビートルズのジョン・レノン暗殺
1985年	G5によるプラザ合意（米ドル安への国際政策協調）
1986年	ソ連チェルノブイリ原発事故
1989年 6月	北京天安門事件
11月	ベルリンの壁崩壊，第1回APEC閣僚会議開催（キャンベラ）
12月	ブッシュとゴルバチョフのマルタ会談
12月	ルーマニア大統領チャウシェスク，妻エレナとともに公開処刑
12月	東証株価時価総額が史上最高値を記録。ニューヨーク証券取引所を抜く
1990年	東西ドイツ統一
1991年 1月	湾岸戦争で，米軍によるイラク空爆
12月	マーストリヒト条約でEU創設合意，ソ連邦崩壊で，ロシア連邦復活（初代大統領エリツィン）。
1992年 1月〜2月	鄧小平による南巡講和
8月	戦後を代表する作家・松本清張没
1993年	田中角栄元首相没
1994年	住友銀行名古屋支店長射殺事件
1995年 1月	阪神・淡路大震災
3月	地下鉄サリン事件
4月	日本円の戦後最高値（1米ドル＝79円）
1996年 2月	戦後を代表する作家・司馬遼太郎没
8月	戦後を代表する知識人・丸山眞男没
1997年 2月	鄧小平没
7月	香港の中国返還。タイバーツ暴落で，アジア通貨危機連鎖
9月	香港でのIMF総会でのAMF（アジア通貨基金）提案にアメリカ拒否
11月	創業100年の山一證券の廃業宣言，北海道拓殖銀行倒産
1998年 1月	韓国・通貨危機の最中，金大中政権成立
5月	インドネシア・ルピア暴落から，スハルト第2代大統領辞任
10月	日本長期信用銀行経営破綻による国有化
12月	日本債券信用銀行経営破綻による国有化

2000 年	日債銀本間忠世社長,大阪のホテルで「自殺」
2001 年 1 月	大蔵省が,財務省と金融庁に分解(金財分離路線)
9 月	9.11 世界同時多発テロ
10 月	米軍によるアフガニスタン空爆
2002 年	小泉首相・ブッシュ米大統領ニューヨーク会談,小泉首相の北朝鮮電撃訪問
2003 年	イラク戦争開戦
2006 年	サダム・フセイン元イラク大統領の死刑執行
2008 年 9 月	リーマンショック,三菱 UFJ フィナンシャル・グループのモルガン・スタンレーへの 90 億ドル出資
12 月	戦後を代表する知識人・加藤周一没
2009 年 1 月	米オバマ大統領政権(史上初の黒人米大統領)
9 月	民主党政権誕生(日本史上初の選挙による政権交代,鳩山由紀夫首相)
2011 年 3 月	3.11 東日本大震災,福島第一原発メルトダウン
5 月	米軍奇襲部隊によるウサマ・ビン・ラーディンの殺害
8 月	日本円の戦後最高値更新(1 米ドル= 75 円),米国債史上初の格下げ
12 月	米軍イラク撤退
2012 年 8 月～9 月	中国全土での反日デモ激化
12 月	衆議院選挙で民主党惨敗,自民党安倍政権の再登場
2013 年 1 月	中国艦艇の対自衛隊護衛艦射撃管制用レーダー照射事件
2 月	ワシントンで日米首脳(安倍・オバマ)会談

＊個人没年は,戦後日本人に大きな影響力を与えた人物を挙げた。『角川世界史辞典』(角川書店),『山川日本史小辞典(新版)』(山川出版社),『国際政治経済辞典』(東京書籍),『現代アジア事典』(文眞堂),『経済学辞典 第 3 版』(岩波書店) 等より著者作成。

著者紹介

中尾 茂夫 (Shigeo Nakao)

1954年，長崎市生まれ。明治学院大学教授。経済学博士。京都大学大学院経済学研究科博士後期課程退学。大阪市立大学経済研究所教授などをへて現職。シカゴ，トロント，ロンドン，ロサンゼルス等の欧米で，上海，バンコク，北京，マカオ等のアジアで，講義や研究報告や調査を重ねる。

【単著＆編著】

『世界マネーフロー』(同文舘，1988年)，大阪市立大学経済研究所編『データでみる大阪経済60年』(東京大学出版会，1989年)，『ジャパンマネーの内幕』(岩波書店，1991年，第32回エコノミスト賞)，大阪市立大学経済研究所編『経済学大辞典 第3版』(岩波書店，1992年)，『ドル帝国の世紀末』(日本経済新聞社，1993年)，『*The Political Economy of Japan Money*』(University of Tokyo Press, 1995)，『アジアシフトの時代』(創元社，1995年)，『円とドルの存亡』(三田出版会，1996年)，『ビッグバン 岐路に立つ日本マネー』(NHK出版，1998年)，『ドル支配は続くか』(ちくま新書，1998年)，『金融の時代』日経BP社 (1999年)，『FRB ドルの守護神』(PHP新書，2000年)，編著『金融グローバリズム』(東京大学出版会，2001年)，『米国同時テロと国際通貨情勢』(関西経済研究センター資料，2001年)，『ハイエナ資本主義』(ちくま新書，2002年)，編著『日本経済再生の条件』(筑摩書房，2003年)，共編著『ニュースがすぐにわかる世界地図』(小学館，2004年)，『トライアングル資本主義』(東洋経済新報社，2006年)，共編著『中国金融システムの不良債権分析』(中央経済社，2007年)，『円は沈むのか？—ジャパンマネーの行方』(春秋社，2009年)，『米ドルの内幕』(左右社，2011年)，『決断できる日本へ—3.11後の政治経済学』(七つ森書館，2012年)。

入門 世界の経済
――グローバリゼーション500年の歴史から何を学ぶか――

2013年3月31日第1版第1刷発行　　　　　　　　検印省略

著者　中尾茂夫

発行者　前野　弘

発行所　株式会社 文眞堂
東京都新宿区早稲田鶴巻町533
電話　03 (3202) 8480
FAX　03 (3203) 2638
http://www.bunshin-do.co.jp/
〒162-0041　振替00120-2-96437

印刷・製本　モリモト印刷
© 2013
定価はカバー裏に表示してあります
ISBN978-4-8309-4789-6 C3033